おかずと
パンと
お菓子

毎日食べたい

はじめての米粉レシピ

上島亜紀 著

ナツメ社

はじめに

皆さんは米粉にどのようなイメージを持っていますか？
注目の食材で気にはなっているけれど、
「グルテンフリーでアレルギーの方にやさしい食材」
「パンやお菓子に使うといいのかしら…」
くらいに思っている方が多いのではないでしょうか。

実はこの米粉、いつもの料理にとても便利に使えて
健康を気遣う方にもおすすめの食材なのです。

例えば、シチューやグラタンのホワイトソースを作るとき、
ダマになってしまったことがありませんか？
ダマができる原因のひとつがグルテン。
小麦粉の代わりにグルテンの素となるたんぱく質を含まない米粉を使うと、
真っ白でなめらかなホワイトソースが失敗なく作れます。

米粉はお菓子作りにも大活躍します。
さらさらとしてダマになりにくいので、粉をふるう作業は不要。
きめ細かく、繊細な舌触りのスイーツに仕上げることができます。

カロリーが気になる揚げ物も、
小麦粉に比べて吸油率の低い米粉を使えばぐんとカロリーダウンになります。

さらに、米粉は低GI食品で、食後の血糖値が急激に上がりにくく、
糖質をゆるやかに吸収できることも証明されています。

米粉を使ってみたいけれど、実際どのように使えばよいのかわからない…。
そんな方のために、この本ではいつものおかずはもちろんのこと、パン、お菓子など、
毎日の食卓で幅広く楽しんでいただける米粉レシピをたくさん紹介しています。

さくさく、もっちり、しっとり、とろ～り。
調理の仕方次第でいろいろ変わる米粉ならではの食感や味わいを、
十分に楽しんいただけるとうれしいです。

上島亜紀

米粉のトリセツ

米粉クッキングを始める前に知っておいてほしい基礎知識を紹介します。

◎ 米粉とは？

米粉は文字通り、米(うるち米ともち米) を粉末状にしたもの。日本では古くから上新粉、白玉粉、もち粉と呼ばれる米粉が、だんごやまんじゅう、せんべいなどの和菓子作りに使われてきました。これらの昔ながらの米粉に加え、近年注目されているのが新しいタイプの米粉。製粉技術が進み、上新粉より細かい微細な米粉が開発されたことで、小麦粉で作られていた洋菓子、パンはもちろんのこと、毎日のおかずやお好み焼き、餃子などの粉もの、麺類などにも用途が広がっています。

主な米粉と用途

＊原料の米を生のまま粉にしたもの。

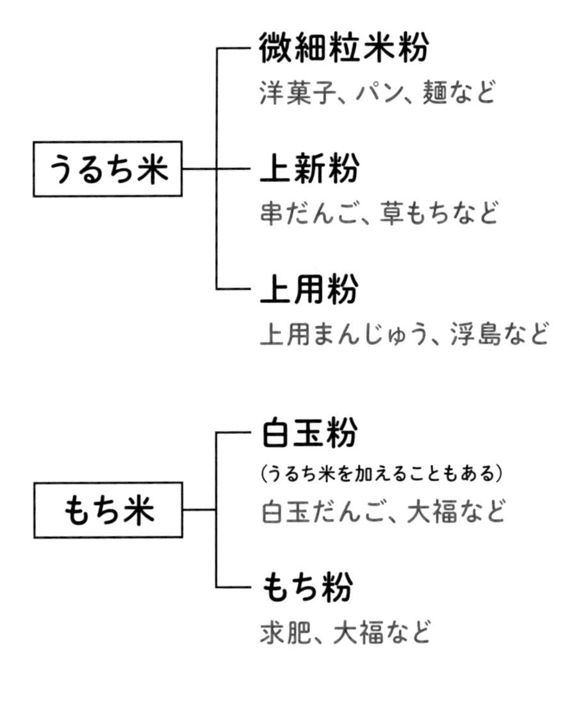

◎ 米粉の特性

1 グルテンを含まない

小麦粉に水を加えてこねると粘りと弾力のある生地ができます。これはグリアジンとグルテニンという小麦粉特有のたんぱく質がからみあってグルテンという物質に変化するためで、パンのふんわりもちもちとした食感やうどんのコシなどの素となっています。グルテンには食べ物をおいしくする、パンやケーキ生地などがよく膨らむといったメリットがある反面、食物アレルギーなど身体へのさまざまな影響が指摘されています。一方、うるち米を原料とする米粉には小麦粉特有のたんぱく質が含まれていません。そのため、**グルテンが原因で体調不良が起こる方でも安心して使うことができます**。ただし、米粉という名称で販売されている製品の中には、グルテンが添加されているものもあるため、購入の際は必ず成分表を確認しましょう。

2 油の吸収が少ない

米粉は小麦粉に比べ、油を吸いにくい特性があります。農林水産省の資料によると、米粉の吸油率は小麦粉の約半分(小麦粉=38% 米粉=21%*)。そのため、天ぷらや唐揚げなどの衣に米粉を使うと**油を吸いにくいのでべたつかずサクッと軽く揚がり、冷めてもカリッとした食感が保たれます**。また、油の取り過ぎも防げて、胃もたれなどもしにくくなるといううれしい効果もあります。

※鶏もも肉を揚げた時の衣の油吸収率。
(出展)農林水産省「米粉をめぐる状況について」より
(元出展)「Oil Uptake Properties of Fried Batters from Rice Flour」F.Shin and K.Daigle (J.Agric. Food Chem.47(1999))

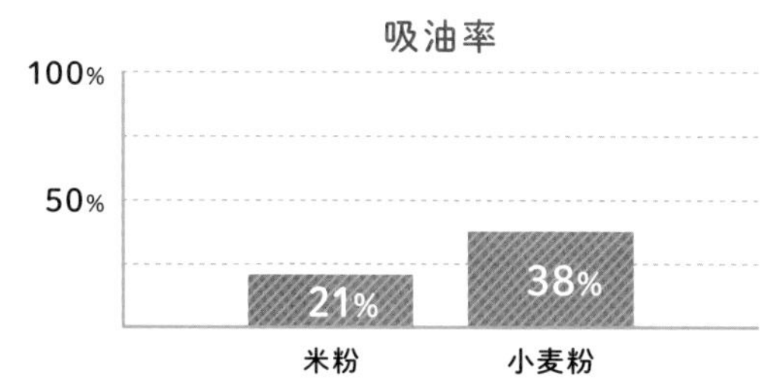

3 水分を吸収しやすい

米粉は小麦粉に比べ、水をよく吸う特性があります。米を水に浸しておくと吸水してふっくらとするように、米粉も水分を吸収しやすく、吸水した分重量も増えます。**そのため、小麦粉を使うより少ない量でパンを作ることができます**。さらに、水分含有量の高い米粉のパンは少量で満腹感が得られて腹持ちもよいので、カロリーオフにもつながります。ただし、米粉によって吸水量はそれぞれ違います。また、同じ米粉でも湿度や保存状態などでまったく変わってくるので、水分量の調整が必要です。

小麦粉
米粉

小麦粉、米粉各大さじ1に、それぞれ水大さじ1を加えて5分おいた状態。米粉の方が吸水率が高いことがわかります。

4 栄養の宝庫

栄養価の高い米を原料とする米粉には、糖質、食物繊維、ミネラル、ビタミンB群などの栄養素が豊富に含まれています。また米に由来する米粉のたんぱく質は、アミノ酸スコアが高いことが知られています。アミノ酸スコアとは、私たちの体に必要な9種類の必須アミノ酸がどれほどバランスよく含まれているかを数値で表したもので、いわばたんぱく質の成績表。小麦41に対して米65と約1.5倍の高スコアとなっています。**米粉は豊富な栄養素と良質なたんぱく質を摂ることのできる優れた食材なのです**。

※米は精白米、小麦は中力粉の数値。1973年FAO/WHOの評点パターンを使用。
(出展)「食品のたんぱく質とアミノ酸」科学技術庁資源調査所(1986年)
アミノ酸スコアとは、食品中に含まれるアミノ酸のバランスが、人間の体内で必要とされるアミノ酸の割合に近いかどうかを示す指標です。

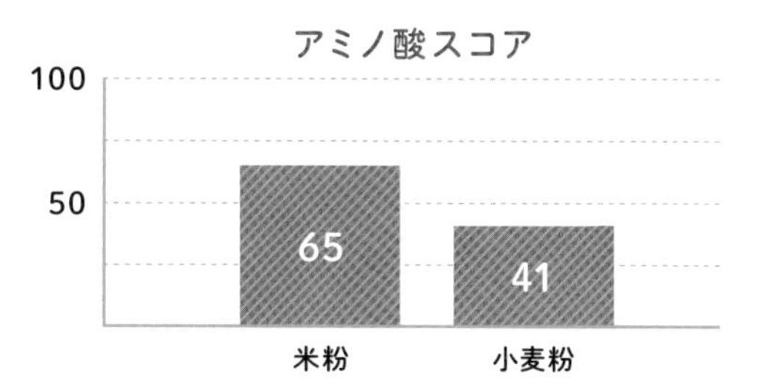

米粉ってこんなにスゴイ！

米粉のうれしいメリットを徹底解説します。

1 粉ふるい不要

粒子がとても細かくさらさらの米粉はダマになりにくく、ふるいにかけなくても大丈夫。**袋から出してそのまま使うことができ、他の材料ともよく混ざります**。粉が周りに飛び散ることもないので後片付けの手間が省け、洗い物も少なくなります。

2 サクッと揚がる

揚げ物の衣に小麦粉より吸油率の低い米粉を使うと、余計な油を吸わないのでべたつかずサクッと軽く仕上がります。**しかも油が少ないのでヘルシー。冷めても油っぽくならず、さくさく感が長続きします**。さらに、米粉はグルテンができないので、ぐるぐる混ぜても大丈夫。混ぜ過ぎても粘らず、簡単にカリッサクッと揚げることができます。

3 しっとり仕上がる

小麦粉に比べ吸水量の多い米粉でパンやケーキを作ると、しっとりとした焼き上がりになります。また、ハンバーグなどの肉だねのつなぎに使うと、野菜の水分や肉汁を閉じ込めてくれるので、しっとりジューシーに仕上がります。さらに、水分を吸った米粉は加熱すると粘り気が出ます。**この粘りがひき肉や野菜をしっかりまとめて、もちっとした食感の素にもなります**。

4 うまみを逃さない

肉や魚に米粉を軽くまぶしてから焼く、煮る、蒸す、揚げると、パサつかずふんわりと仕上がります。これは、米粉に含まれるでんぷんが加熱によって表面を覆う膜のような状態に変化するため。この**でんぷんの膜が素材のうまみや水分を逃がさずギュッと閉じ込めます**。さらに、粉をふっておくとたれなどのからみもよくなり、衣もつけやすくなります。

5 いろんな食感が楽しめる

もっちり&しっとり食感は米粉ならではですが、調理法や合わせる食材次第でさまざまに変化します。ほろほろと崩れるような食感や、ちょっとハードなザクザク感。舌の上で溶けていくような感じやカリカリとした小気味よい食感、そしてとろりとなめらかな口当たりなど。いろいろな食感が楽しめるのも米粉の魅力です。

6 冷めても消えないとろみがつく

米粉は片栗粉や小麦粉と同様に、料理のとろみづけに使えます。「とろみづけ」といえば片栗粉ですが、その理由はでんぷんの粒が膨らみやすく粘度の強いとろみを出せるため。ところが、そのとろみは加熱を続けると粒が壊れて粘度が下がり、さらさらになってしまいます。**一方、米粉のとろみは加熱を続けても粘度は低下せず、一度ついたとろみは冷めても消えることはありません。**

7 生地作りが簡単

お菓子作りでは「混ぜ方」が仕上がりそのものを左右する大切な作業となっています。「さっくり混ぜる」「切るように混ぜる」などレシピに書かれている指示は、必要以上にグルテンを作らないためのテクニック。**混ぜ過ぎると粘りの素グルテンが増えて、ふくらみが悪くなったり、焼き上がりがかたくなる原因にとなります。**一方、米粉にはグルテンができないのでぐるぐる混ぜても問題なし!　誰でも気軽にお菓子作りを楽しめます。

8 国産だから安心

日本で食べられている小麦粉の約9割が海外から輸入された小麦で作られています。**これに対して、米の自給率は97%。私たちが口にする米はほぼ国産になります。**ポストハーベスト農薬(収穫後に散布される農薬)などの問題を考えると、国産米を原料とする米粉は安心して使える食材といえるでしょう。

米粉を上手に使うコツ

さぁ、ここからは実践編。米粉を上手に使うためのポイントやコツを紹介していきます。

1 用途に合わせた米粉を使う

米粉は一見どれも同じように見えますが、原料となる米の品種や製粉方法によってさまざまな種類があって、それぞれ得意とする料理が違います。**小麦粉を薄力粉、中力粉、強力粉で使い分けるように、米粉も用途に合ったものを選んで使うことが大切です。**パッケージに製菓用、パン用の記載がないものでも、焼き菓子、天ぷらなどその粉に適した料理が紹介されているので、目的に応じて購入してください。なお、使う量が少ない料理は、どんな米粉を使っても大丈夫です。

2 乾燥を防ぐ

米粉の最大の欠点が乾燥しやすいこと。でき上がったものは温かいうちに食べるか、粗熱が取れたらすぐにラップで包んで保存を。**作業中の生地は、水分の蒸発を防ぐために布巾などをかぶせておきましょう。**パサパサになってしまった米粉パンやかたくなっただんごなどは、ラップで包み、電子レンジで10秒ほど加熱する、あるいは蒸し器で温め直すと、ふんわりもちもち感がよみがえります。

3 水分を微調整する

米粉は種類や製粉方法で吸水量が変わります。さらに、いつも使っている米粉も室温や湿度で状態が変化します。**乾燥する冬場と湿度の高い夏場の粉、カラッと晴れた日と雨の日の粉では、吸収する水分量やスピードは異なります。**レシピにある水分量はあくまでも目安として、その日の粉に合わせて微調整しましょう。

4 つなぎで調整

米粉に水を加えてこねても、生地同士をつなぐグルテンができないため、小麦粉のようになめらかに伸びる生地にはならず、バラバラになりやすいです。**そのためつなぎとして、卵や豆腐、片栗粉、タピオカ粉などを加えてカバーします。**

5 水溶き米粉はよく混ぜる

米粉はすぐに沈殿するので、使う直前にもう一度よく混ぜてから使いましょう。**米粉は固まるスピードがゆっくりなので、片栗粉のように加えてから素早く混ぜなくても固まりムラができる心配はありません。**米粉のとろみは火をしっかり入れることで安定するので、とろっとしたら、そこからさらに1分ほど加熱しましょう。片栗粉のとろみは火を通すと透明になりますが米粉は白濁します。透明に仕上げたいときは、片栗粉を使ってください。

6 保存方法

高温多湿、直射日光を避け、常温で保存します。開封後は袋内の空気をできるだけ抜いて袋口をしっかり閉じ、さらに密閉容器に袋ごと入れて保存します。なるべく早く使い切るようにしましょう。**冷蔵保存、冷凍保存も可能ですが、結露に十分注意する必要があります。**また米粉は臭いを吸収しやすいので、しっかり密閉し、臭いの強いものから離して保存しましょう。

◎ この本で使用する米粉

米粉選びに迷ったらコレ！ ここでは、本書で使用している3種の米粉を紹介します。

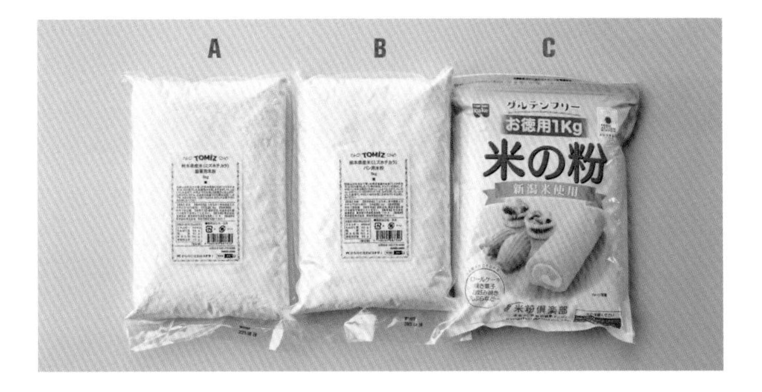

A 富沢商店 ミズホチカラ製菓用米粉

米粉作りのために開発された品種、熊本県産「ミズホチカラ」を使用した、製菓用の米粉。スポンジ生地などの気泡を潰してしまわないように、同シリーズのパン用米粉に比べ、粒子がより細かいのが特徴。きめ細かく、しっとりとして口溶けのよい仕上がりになります。

• 購入先：富沢商店

B 富沢商店 ミズホチカラパン用米粉

米粉作りのために開発された品種、熊本県産「ミズホチカラ」を使用した、パン用の米粉。一般的な食用のうるち米で作られた米粉に比べ、製パン適性が高いのが特徴で、グルテンや増粘剤を添加しなくても、米粉100％でふっくらとしたパンが焼き上がります。

• 購入先：富沢商店、熊本製粉ネットショップ

C 共立食品 米の粉

新潟県産の米を使用した米粉。小麦粉より細かい超微粒子の米粉で、ふんわりと仕上げたいケーキから粉もの、おかずまで、オールマイティーに使えます。スーパーなどでも比較的入手しやすいので、デイリーユースの米粉にぴったりです。

• 購入先：スーパー、ネットショップなど

CONTENTS

CHAPTER 2
米粉で粉もの！

CHAPTER 3
米粉でパン！

CHAPTER 4

米粉でお菓子！

COLUMN

◎ この本の使い方

[材料表について]

- 計量単位は、小さじ1＝5㎖、大さじ1＝15㎖、1カップ＝200㎖です。
- 適量は好みで加減してちょうどよい量を入れる、適宜は好みで入れなくてもよい、という意味です。
- 材料の計量は、デジタルスケールなどを使って正確にしてください。
- 本種では、小麦グルテンや増粘剤などを使用していない100％米粉を使用しています。
- 米粉は種類や製粉方法によって、必要な水分量や加熱時間が変わります。レシピに記載されている推奨米粉を使用してお作りいただくと失敗が少ないです。
- だしは、昆布と削り節でとったものを使用しています。市販のだしの素などを使う場合は、塩分が含まれていることがあるので、味を見て調整してください。できれば、食塩不使用のものをおすすめします。
- サラダ油は特に指定がない場合、好みのものを使ってください。香りの少ない太白ごま油、米油などをおすすめします。オリーブ油は、エクストラ・ヴァージン・オリーブ油です。
- 本書で使用している卵はMサイズ(正味約50g）です。

[作り方について]

- 生地の水分量は米粉の種類、気温、湿度によって変わるので、生地の状態を見ながら調節してください。
- 野菜類などは特に記載がない場合、洗う、皮をむくなどの作業をすませてからの手順を説明しています。
- 電子レンジは出力600Wのものを使用しています。500Wの場合は1.2倍、700Wは0.8倍の時間を目安に加熱してください。
- 電子レンジやオーブンレンジ、魚焼きグリルなどは機種によって温度や加熱時間が異なります。取扱説明書の指示に従い、様子を見ながら調整してください。
- でき上がり写真は盛りつけ例です。材料の分量と異なることがあるのでご注意ください。
- 調味料は製品によって食味に違いがあるので、必ず味見をして仕上げてください。

CHAPTER 1

毎日のおかずに大活躍！

米粉をしっかりまぶして焼けば、
皮はパリパリ、身はふっくら。

鶏肉のパリパリ焼き

—

● 米の粉 ／ ○ ミズホチカラ製菓用米粉 ／ ○ ミズホチカラパン用米粉

材料（2人分）

鶏もも肉…1枚(300〜350g)
ししとうがらし…10本
塩…小さじ⅔
粉山椒…小さじ¼
米粉…大さじ1
A しょうゆ…大さじ1
　みりん…大さじ1
大根おろし…100g
ごま油…大さじ1

作り方

1 鶏肉はキッチンペーパーで水けを取り、身の厚い部分に切り目を入れて開き、厚みを均等にする。余分な脂肪や皮を切り落とし、半分に切って塩、粉山椒、米粉をふり、手で叩くようにして米粉をしっかりなじませる。

2 ししとうがらしはヘタを切り落とし、竹串などで2か所穴を開ける。

3 フライパンにごま油を強めの中火で熱し、1の皮目を下にして並べ入れ、へらで押しつけながら焼く（a）。こんがりと焼き色がついたら裏返し、2を加えて中火で4〜5分焼く。

4 器に鶏肉とししとうがらしを盛り合わせ、大根おろしを添える。

5 3のフライパンにAを加えて強火で煮立たせ、4の大根おろしにかける。

豆腐ときのこのすまし汁

—

● 米の粉 ／ ○ ミズホチカラ製菓用米粉 ／ ○ ミズホチカラパン用米粉

材料（2人分）

絹ごし豆腐…¼丁(100g)
生しいたけ…2枚
小ねぎ…2本
A だし…300㎖
　酒…大さじ1
　しょうゆ…大さじ½
　塩…小さじ⅓
水溶き米粉
　米粉…小さじ2
　水…大さじ½
粉山椒…適宜

作り方

1 しいたけは石づきを切り落とし、薄切りにする。小ねぎは小口切りにし、豆腐は1.5㎝角に切る。

2 鍋にAを入れて中火にかけ、煮立ったらしいたけ、豆腐を加える。再び煮立ったら水溶き米粉をよく混ぜて加え、静かに混ぜながら煮る。とろみがついたら小ねぎを加え、火を止める。器に盛り、好みで粉山椒をふる。

豆腐ときのこのすまし汁

鶏肉のパリパリ焼き

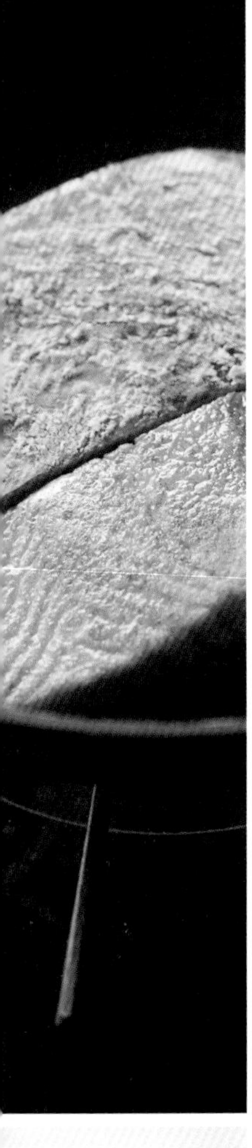

鮭のムニエル

● 米の粉 ／ ○ ミズホチカラ製菓用米粉 ／ ○ ミズホチカラパン用米粉

表面はサクッ、中はしっとり。

材料（2人分）

サーモン … 2切れ(300g)
A 塩 … 小さじ½
　こしょう … 少々
　米粉 … 大さじ½
グリーンアスパラガス … 4本
バター … 15g
レモンの薄切り … 2枚
塩、こしょう … 各少々

作り方

1. サーモンはキッチンペーパーで水けを取って**A**を上から順にふり、手で叩くようにして米粉をしっかりなじませる。
2. アスパラガスは根元から1cmほど切り落とし、下半分の皮をピーラーで薄くむき、2等分に切る。
3. フライパンにバターを中火で熱し、サーモンの皮目を下にして並べ入れて焼く。こんがりと焼き色がついたら裏返し、**2**とレモンを加えて蓋をし、弱めの中火で3分焼く。
4. 器にサーモンを盛ってレモンをのせる。フライパンのアスパラガスに塩、こしょうをふり、サーモンに添える。

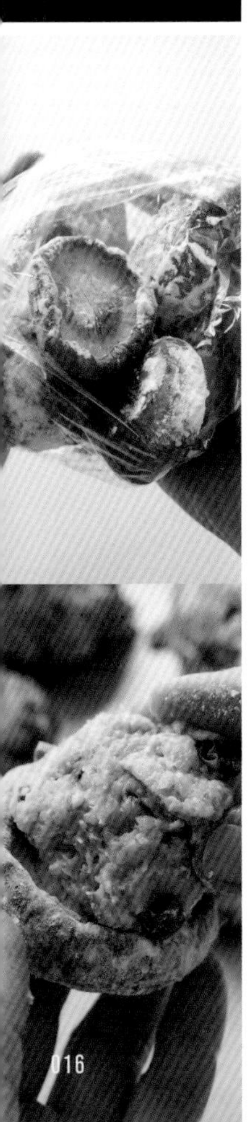

しいたけとピーマンの肉詰め

● 米の粉 ／ ○ ミズホチカラ製菓用米粉 ／ ○ ミズホチカラパン用米粉

米粉が肉汁を逃しません。

材料（2人分）

生しいたけ … 4枚
ピーマン … 2個
米粉 … 大さじ1
肉だね
　鶏ひき肉 … 150g
　生しいたけの軸の
　　粗みじん切り … 4本分
　小ねぎの小口切り … 3本分
　おろししょうが … 小さじ½
　米粉 … 大さじ1
　塩 … 小さじ¼
A しょうゆ … 大さじ1
　砂糖 … 大さじ1
　水 … 大さじ1
サラダ油 … 大さじ½

作り方

1. しいたけは石づきを落とし、軸をはずす。軸は肉だね用に粗みじん切りにする。ピーマンは縦半分に切り、種を取り除く。
2. ポリ袋にしいたけの傘とピーマンを入れて米粉を加え、シャカシャカとふって全体に均一にまぶす。
3. ボウルに肉だねの材料を入れてよく練り混ぜ、8等分する。
4. **3**を**2**に詰める。
5. フライパンにサラダ油を中火で熱し、**4**の肉の面を下にして並べ入れる。蓋をして5分ほど蒸し焼きにし、**A**を回しかけて煮からめる。

巻かないだし巻き卵

● 米の粉 ／ ○ ミズホチカラ製菓用米粉 ／ ○ ミズホチカラパン用米粉

材料（2人分）

卵…5個
米粉…大さじ½
A 削り節…3g
　みりん…大さじ4
　水…大さじ4
　薄口しょうゆ…小さじ1
　塩…少々
サラダ油…大さじ½
大根おろし…100g
しょうゆ…適量

作り方

1 耐熱ボウルにAを入れ、ラップなしで電子レンジで3分加熱して沸騰させ、こし器でこして冷ます。

2 1に米粉を加え（a）、よく混ぜて溶かす。

3 別のボウルに卵を割り入れて溶きほぐし、2を加えて泡立てないようにしてよく混ぜ合わせる。

4 卵焼き器にサラダ油を強めの中火で熱し、3を一気に流し入れる。混ぜたりゆすったりせずにそのまましばらくおき、縁や底が固まってきたら、縁の固まったところから中心へゆっくり寄せるように混ぜる（b）。これを4～5回繰り返し、ゆるめのスクランブルエッグ状になったら、弱火にして1分焼く。
memo 卵液を寄せてできたひらひらのひだが、くるくると巻いた見た目と食感になります。

5 4を奥からパタンと2つ折りにし（c）、形を整えながら1分焼き（d）、裏返してさらに1分焼く。蒸れないように巻きすにのせてバットに渡し、粗熱を取る。

6 5を4等分に切って器に盛り、大根おろしを添え、大根おろしにしょうゆをかける。

a
b
c
d

ドライカレー

● 米の粉 ／ ○ ミズホチカラ製菓用米粉 ／ ○ ミズホチカラパン用米粉

肉と野菜のうまみがぎゅっと詰まったカレー。

材料（2人分）

合いびき肉…200g
パプリカ…½個
玉ねぎ…¼個
エリンギ…1本

A 米粉…大さじ½
カレー粉…小さじ1
塩…小さじ½

B カレー粉…大さじ1
おろししょうが…小さじ1
おろしにんにく…小さじ1

C トマトケチャップ…大さじ2
中濃ソース…大さじ1

水…100mℓ
ローリエ…1枚
ガラムマサラ（あれば）…小さじ1
塩、粗びき黒こしょう…各適量
米粉ナン（P.101）…2枚

作り方

1. パプリカ、玉ねぎ、エリンギはそれぞれ粗みじん切りにする。
2. ボウルに合いびき肉を入れて**A**を加え、菜箸4本を使ってほぐすように混ぜる（**a**）。
3. フライパンに**2**を入れて中火で炒める。肉の色が変わったら**B**を加えて全体になじませ、香りが立ったら**1**を加え、しんなりするまで炒める。
4. **3**に**C**、分量の水、ローリエを加えて蓋をし、弱めの中火で5分煮る。蓋をはずして強火にし、ガラムマサラを加えて水分をとばすように1〜2分炒め、塩、粗びき黒こしょうで味を調える。器に盛り、ナンを添える。

a

厚揚げとさやいんげんのエスニック炒め

表面に米粉をまぶして香ばしさアップ。

● 米の粉 ／ ○ ミズホチカラ製菓用米粉 ／ ○ ミズホチカラパン用米粉

材料（2人分）

厚揚げ … 1枚
さやいんげん … 10〜16本(80g)
にんにく … 1かけ
桜えび(乾燥) … 2g
米粉 … 大さじ½
A
- みりん … 大さじ1
- 水 … 大さじ1
- ナンプラー … 小さじ2

サラダ油 … 大さじ2

作り方

1. 厚揚げはキッチンペーパーで油を取り、12等分に切る。ポリ袋に入れて米粉を加え、シャカシャカとふって全体に均一にまぶす。
2. さやいんげんはヘタを切り落とし、あれば筋を取り、半分の長さに切る。にんにくは芽があれば取り除き、薄切りにする。
3. フライパンにサラダ油とにんにく、桜えびを入れて中火で熱し、香りが立ったらにんにくをいったん取り出して1を加え、全面をカリッとするまで焼く。
4. さやいんげんを加えて炒め合わせ、にんにくを戻し入れ、Aを加えて全体にからめるように炒める。

a

b

c

d

野菜の天ぷらとえびのかき揚げ

● 米の粉 ／ ○ ミズホチカラ製菓用米粉 ／ ○ ミズホチカラパン用米粉

材料（2人分）

野菜の天ぷら
- なす … 1本
- まいたけ … 1パック（120g）
- ししとうがらし … 6本

かき揚げ
- むきえび（小） … 100g
- みつば … ½束
- 長ねぎ … ¼本

米粉 … 大さじ5

衣
- 米粉 … 150g
- とき卵 … 1個分
- 水 … 150〜160mℓ

揚げ油 … 適量

天つゆ
- 水 … 200mℓ
- 削り節 … 3g
- しょうゆ … 大さじ1
- みりん … 大さじ1
- 塩 … 小さじ¼

大根おろし … 100g

作り方

1 なすは縦半分に切り、ヘタ側を3cmほど残して、端から5mm幅で切り込みを入れる。

2 まいたけは4等分にほぐす。ししとうがらしはヘタを切り落とし、竹串などで2か所穴を開ける。

3 むきえびは背ワタがあれば取り除き、米粉大さじ1をふってよくもみ込み、流水で洗ってキッチンペーパーで水けをしっかりふき取る。みつばはざく切りにし、長ねぎは斜め薄切りにする。

4 ボウルに衣の材料を入れ、菜箸でよく混ぜる（**a**）。

memo 加える水の量は、衣をすくったときに少しとろりとする状態になるように調整してください。

5 野菜の天ぷらを揚げる。**1**、**2**をポリ袋に入れて米粉大さじ2を加え、シャカシャカとふって全体に均一にまぶす。**4**にくぐらせ、180℃に熱した揚げ油で衣がサクッと固まるまで揚げる（**b**）。引き上げてバットに立てるように置いて油をきる。

6 かき揚げを揚げる。**3**を別のポリ袋に入れて米粉大さじ2を加え、**5**と同様に米粉をまぶす。**5**の衣を入れたボウルに加え（**c**）、ざっくりと混ぜて4等分し、1個分ずつスプーンと箸で取り分けて180℃の揚げ油にそっと沈め（**d**）、衣がサクッと固まるまで押さえながら揚げる。引き上げてバットに立てるように置いて油を切る。

7 天つゆを作る。耐熱ボウルに材料を入れ、ラップなしで電子レンジで3分加熱し、こし器でこす。

8 器に**5**、**6**を盛り合わせ、天つゆと大根おろしを添える。

時間が経ってもべたつきゼロ。
かき揚げのハードルもぐんと下がります。

鶏肉にたれがよくからみ、肉汁ジュワッ、表面サクサク。

鶏のから揚げ

―

● 米の粉 ／ ○ ミズホチカラ製菓用米粉 ／ ○ ミズホチカラパン用米粉

材料（2人分）

鶏もも肉 … 1枚（300〜350g）

A
- 塩 … 小さじ⅓
- 粗びき黒こしょう … 小さじ¼

たれ
- 米粉 … 大さじ1
- しょうゆ … 大さじ1
- 砂糖 … 大さじ½
- おろししょうが … 小さじ1
- おろしにんにく … 小さじ1

米粉 … 大さじ3

揚げ油 … 適量

レモンのくし切り … ½個分

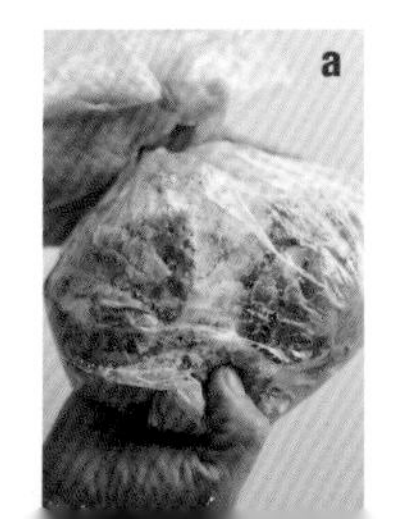

作り方

1. 鶏肉はキッチンペーパーで水けを取り、身の厚い部分に切り目を入れて開き、厚みを均等にする。余分な脂肪や皮を切り落とし、皮を広げて形を整えてから8等分に切り、**A**をふって10分おく。
2. **1**をポリ袋に入れてたれの材料を加え、袋の上からよくもむ。冷蔵庫に30分以上おいて味をなじませる。
3. **2**に米粉を加え、袋の上から軽くもんで鶏肉の表面に米粉をまぶす（**a**）。
4. 揚げ油を170℃に熱し、**3**の半量を皮目を下にして入れ、1分30秒揚げる。裏返してさらに1分30秒揚げ、いったん取り出す。残りの半量も同様に揚げて取り出す。
5. 火を少し強めて油の温度を190℃に上げ、**4**の鶏肉をすべて戻し入れ、上下を返しながら1分ほど揚げる。
6. 引き上げてバットに立てるように置き、油を切りながら2分おく。器に盛り、レモン添える。

食感はカリカリベーコン。
冷めてもしんなり感ナシ！

豚肉のカリカリ揚げ

● 米の粉 ／ ○ ミズホチカラ製菓用米粉 ／ ○ ミズホチカラパン用米粉

材料（2人分）

豚切り落とし肉…150g
コンソメの素(顆粒)…小さじ2
酒…大さじ1
米粉…大さじ3
揚げ油…適量
サラダ菜…½個

作り方

1 豚肉は大きければ食べやすく切り、コンソメの素と酒をもみ込む。

2 揚げ油を中火で180℃に熱し、1に1枚ずつ米粉をまぶして入れる。カリッとするまで2〜3分揚げる。

memo 米粉は揚げる直前にまぶします。

3 引き上げてバットに立てるように置いて油を切り、器に盛って、サラダ菜を添える。

ちくわの磯辺揚げ

●米の粉 ／ ○ミズホチカラ製菓用米粉 ／ ○ミズホチカラパン用米粉

材料（2人分）

ちくわ…5本(175g)
米粉…小さじ1
衣
米粉…大さじ4
削り節…3g
青のり…小さじ¼
塩…小さじ¼
水…30～40mℓ
揚げ油…適量
しょうゆ…少量

作り方

1. ちくわは長さを2等分に切り、米粉をまぶす。
2. ボウルに衣の材料を入れてよく混ぜる。
3. 揚げ油を中火で180℃に熱し、**1**を**2**にくぐらせて入れ、カリッとするまで2分ほど揚げる。
4. 引き上げてバットに立てるように置いて油を切る。器に盛り、しょうゆをかける。

もっちりちくわにザクザク衣が絶妙。
手軽に作れる定番おかず。

揚げ立ての衣につゆがしみて、
もちもちとした口当たりになります。

揚げ出し豆腐

● 米の粉 ／ ○ ミズホチカラ製菓用米粉 ／ ○ ミズホチカラパン用米粉

材料（2人分）

木綿豆腐 … 1丁（400g）

A
- 水 … 200mℓ
- 削り節 … 3g
- しょうゆ … 大さじ1
- みりん … 大さじ1
- 塩 … 小さじ¼

米粉 … 大さじ2
揚げ油 … 適量
大根おろし … 100g
みつばのざく切り … 適宜
七味唐辛子 … 適宜

作り方

1. 豆腐は4等分に切り、ざるにのせて水けをきり、キッチンペーパーで水けを取る。
2. 耐熱ボウルに**A**を入れ、ラップなしで電子レンジで3分加熱し、こし器でこす。
3. 揚げ油を中火で170℃に熱し、**1**に米粉をまぶして入れる。両面を1分30秒ずつ揚げ、軽く油を切って器に盛る。

   memo 米粉は揚げる直前にまぶします。

4. あつあつの**2**をかけて大根おろしをのせ、好みでみつばをのせて七味唐辛子をふる。

とんかつ

吸油率の低い米粉を使って、
あっさり、さっくり、ジューシーな仕上がり。
1枚ぺろりといけちゃいます。

● 米の粉 ／ ○ ミズホチカラ製菓用米粉 ／ ○ ミズホチカラパン用米粉

材料（2人分）

豚ロース肉（とんかつ用、厚切り）
…2枚
塩、こしょう…各少々
衣
- 米粉…適量
- 溶き卵…1個分
- 米粉のパン粉
（P.095／またはパン粉）
…適量

揚げ油…適量
A
- 中濃ソース…大さじ3
- 白すりごま…大さじ1

キャベツのせん切り…適量
ミニトマト…適宜

作り方

1 豚肉は赤身と脂身の境目にある筋に等間隔に切り目を入れて筋切りをし、包丁の背で両面を叩き、塩、こしょうをふる。

2 衣の材料をそれぞれ容器に入れる（**a**）。**1**に米粉をしっかりまぶし、余分な粉を落とす。溶き卵にくぐらせ、パン粉を手でぎゅっと押さえるようにしてつけ、余分なパン粉を軽く落とす（**b**）。

3 揚げ油を中火で170℃に熱し、**2**を盛りつける面を下にして入れる。そのまま2分揚げ（**c**）、パン粉が固まって薄く色づいたら裏返してさらに2分揚げる。こんがりと揚げ色がついたら引き上げ、バットに立てるように置いて油をきる（**d**）。

memo 揚げ油に入れてすぐに菜箸で触るとパン粉が取れてしまうので、表面が固まるまで20〜30秒はそのままにします。

4 **3**を食べやすい大きさに切り、器にキャベツ、好みでミニトマトとともに盛り合わせ、**A**をよく混ぜて添える。

a

b

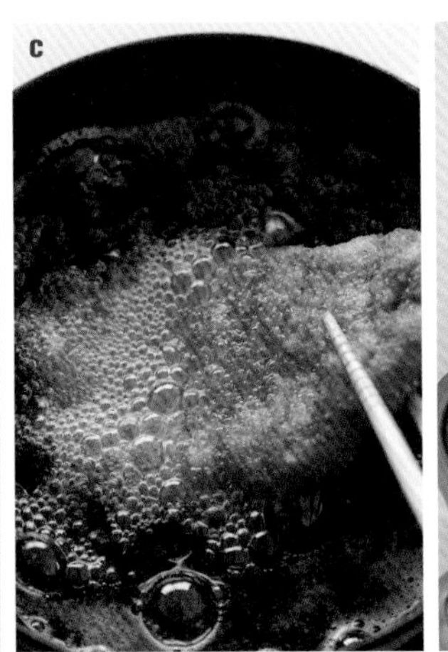
c

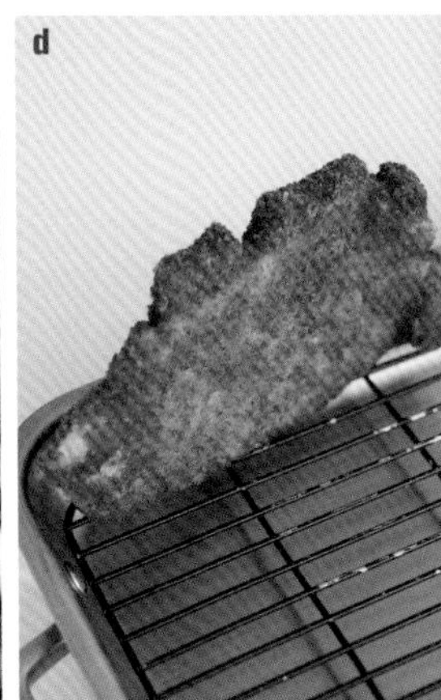
d

じゃがいものほくほく感が際立つ、軽くてサクサクの衣。

ポテトコロッケ

―

● 米の粉 ／ ○ ミズホチカラ製菓用米粉 ／ ○ ミズホチカラパン用米粉

材料（2人分）

じゃがいも … 2～3個（300g）
合いびき肉 … 100g
玉ねぎ … ¼個
ナツメグパウダー（あれば）
　… 少々
塩 … 小さじ⅓
バター … 15g
衣
　米粉 … 適量
　溶き卵 … 1個分
　米粉のパン粉
　　（P.095／またはパン粉）
　　… 適量
揚げ油 … 適量

作り方

1 じゃがいもは皮つきのまま1個ずつラップで包み、電子レンジで3分加熱し、裏返してさらに1分加熱する。竹串がすっと通るやわらかさになったら、そのまま2分おいてから皮をむく。

2 玉ねぎは薄切りにする。

3 フライパンにひき肉を入れ、強めの中火で炒める。肉の色が変わったら**2**、ナツメグパウダー、塩を加え、水分をとばすように炒め（**a**）、粗熱を取る。

4 ボウルに**1**、**3**、バターを入れ、マッシャーなどでつぶしながら全体をよく混ぜる。6等分して、厚さ1.5cmの小判形に成形する。

5 衣の材料をそれぞれ容器に入れる。**4**に米粉をしっかりまぶし、余分な粉を落とす。溶き卵にくぐらせ、パン粉を手で押さえるようにしてつけ、余分なパン粉を軽く落とす。

6 揚げ油を中火で170℃に熱し、**5**を入れて両面を1分30秒ずつ揚げる（**b**）。全体にこんがりと揚げ色がついたら引き上げ、バットに立てるように置いて油をきる。

しっとり肉だんごに、黒酢あんがとろりとからみます。

肉だんごの黒酢あんかけ

● 米の粉 ／ ○ ミズホチカラ製菓用米粉 ／ ○ ミズホチカラパン用米粉

材料（2人分）

豚ひき肉…200g

A
- 溶き卵…1個分
- 米粉…大さじ1
- 酒、水…各大さじ1
- おろししょうが…小さじ½
- 塩…小さじ¼

パプリカ（赤）…½個
玉ねぎ…¼個

B
- 黒酢…大さじ3
- 砂糖…大さじ2
- オイスターソース…大さじ1
- 酒…大さじ1
- 米粉…大さじ½
- 水…50mℓ

揚げ油…適量
ごま油…大さじ½

作り方

1. パプリカはヘタと種を取り除き、ひと口大の乱切りにする。玉ねぎもひと口大の乱切りにする。
2. Bを合わせてよく混ぜる。
3. ボウルにひき肉とAを入れ、手で粘りが出るまでよく練り混ぜる。
4. 揚げ油を中火で170℃に熱し、3をスプーンでひと口大に丸めて入れる（a）。底面が固まったら転がしながら4〜5分ほどじっくり揚げ、引き上げて油をきる。
5. フライパンにごま油を中火で熱し、1を炒める。玉ねぎがしんなりしたら4、2を順に加え、とろみがつくまで炒め合わせる。

a

ぶりの竜田揚げ

● 米の粉 ／ ○ ミズホチカラ製菓用米粉 ／ ○ ミズホチカラパン用米粉

ぶりのうまみを閉じ込めて、軽くサクッと仕上げます。

材料（2人分）

ぶり（切り身）… 2切れ（200g）
さやいんげん … 10〜16本（80g）
たれ
　しょうゆ … 大さじ1
　砂糖 … 大さじ1
　粉山椒 … 少々
米粉 … 大さじ3
揚げ油 … 適量
塩 … 少々

作り方

1. ぶりはキッチンペーパーで水けを取って3等分に切る。ポリ袋に入れてたれの材料を加え、15分ほどおいて味をなじませる。
2. さやいんげんはヘタを切り落とし、あれば筋を取る。
3. **1**に米粉大さじ1を加え、袋の上からもんでたれにとろみをつける。
4. ぶりをバットに取り出し、残りの米粉をしっかりまぶす（**a**）。
5. 揚げ油を中火で170℃に熱し、**4**を入れて1分30秒揚げ、裏返して1分揚げる。引き上げてバットに立てるように置いて油をきる。
6. 続けて**2**を素揚げにし、油をきって塩をふる。
7. 器に**5**、**6**を盛り合わせる。

魚と野菜のフリット

● 米の粉 ／ ○ ミズホチカラ製菓用米粉 ／ ○ ミズホチカラパン用米粉

米粉と炭酸水の効果で、サクッふわっ食感が生まれます。

材料（2人分）

生たら(切り身)
　… 2切れ(200g)
塩 … 小さじ⅓
粗びき黒こしょう … 適量
ブロッコリー … ⅓株
ズッキーニ(黄色) … ½本
米粉 … 大さじ2
A 米粉 … 90g
　炭酸水 … 70〜80mℓ
　塩 … 小さじ¼
ローズマリー … 1本
揚げ油 … 適量
B カレー粉 … 小さじ½
　塩 … 小さじ¼
レモン … ½個

作り方

1. たらは塩をふり、冷蔵庫で15分おく。表面に浮いた水分をキッチンペーパーで取り、粗びき黒こしょうをふる。
2. ブロッコリーはひと口大に切り分ける。ズッキーニは縦半分に切り、長さを3等分に切る。
3. ボウルに**A**を合わせ、よく混ぜる(**a**)。
4. 揚げ油にローズマリーを入れて中火で170℃に熱する。
5. ポリ袋に**1**、**2**を入れて米粉を加え、シャカシャカとふって全体に米粉をまぶす。**3**にくぐらせ(**b**)、**4**に入れて両面を1分30秒ずつ揚げる。バットに立てるように置いて油をきる。
6. 器に盛り合わせ、よく混ぜた**B**とレモンを添える。

a

b

ベトナム風白身魚の天ぷら

● 米の粉 ／ ○ ミズホチカラ製菓用米粉 ／ ○ ミズホチカラパン用米粉

ビール衣でカラリと揚げる黄金色の天ぷらです。

材料（2人分）

白身魚（切り身／生たら、たいなど）
…2切れ（200g）

A
- ナンプラー…大さじ1
- 酒…大さじ1
- おろししょうが…小さじ½

衣
- 米粉…100g
- ターメリック…小さじ½
- 香菜の茎のみじん切り…大さじ1
- 削り節…1g
- ビール…90〜100mℓ

香菜…適量

B
- ナンプラー…大さじ1
- スウィートチリソース…大さじ2
- ライム汁（またはレモン汁）…大さじ½

揚げ油…適量

作り方

1. 白身魚はキッチンペーパーで水けを取り、4等分に切る。ボウルに入れて**A**で和え、15分ほどおく。
2. 衣の材料を合わせてよく混ぜる。
3. 揚げ油を中火で170℃に熱し、**1**の汁を軽くきって**2**にくぐらせて入れる（**a**）。片面を1分30秒揚げ、返してさらに1分揚げ、バットに立てるように置いて油をきる。
4. 器に盛って香菜をのせ、**B**をよく混ぜて添える。

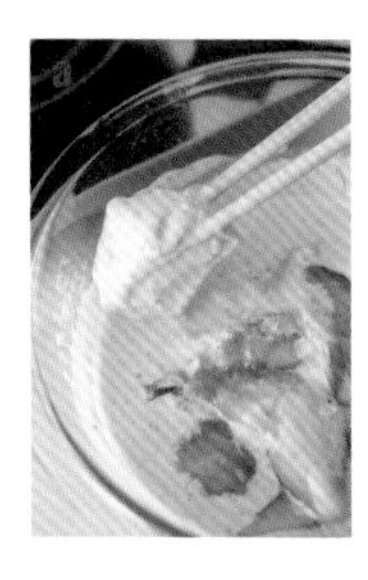

a

b

c

かぶら蒸し

● 米の粉 ／ ○ ミズホチカラ製菓用米粉 ／ ○ ミズホチカラパン用米粉

材料（2人分）

むきえび…80g
かぶ(白い部分)
…2～3個(200g)
ゆり根*…20g
米粉…大さじ2
卵白…1個分(30g)
塩…小さじ¼
銀あん
- だし…100mℓ
- 薄口しょうゆ…小さじ1
- みりん…小さじ1
- 塩…少々
- 米粉…大さじ½

みつば…少々
おろしわさび…少々

＊ゆり根は水洗いしておがくずや汚れを取り、根元を少し切って外側から鱗片を1枚ずつはがす。茶色くなった部分を包丁で削ぎ、再度洗い、ざるに上げて水けをきる。大きなものは食べやすく切る。

作り方

1 むきえびは背ワタがあれば取り除き、米粉大さじ1をふってよくもみ込み、流水で洗ってキッチンペーパーで水けをしっかりふき取り、2cm幅に切る。

2 かぶは皮ごと目の細かいおろし器ですりおろす。ざるに上げて汁けをきり、米粉大さじ1を混ぜる(**a**)。

3 ボウルに卵白と塩を入れ、泡立て器で白っぽくなるまで溶きほぐす(**b**)。

4 **3**に**2**、塩少々(分量外)を加えてよく混ぜ、**1**とゆり根を加えてざっくりと混ぜる。耐熱の器2個に、それぞれ山型になるように入れる(**c**)。

5 蒸気の上がった蒸し器に**4**を並べ入れ、布巾をかませて蓋をし、中火で15分蒸す(**d**)。

memo 蒸し器がない場合は、鍋または深めのフライパンにキッチンペーパーを2つ折りにして置き、その上にのせて器の高さの半分くらいまで熱湯を注ぎ入れ、布巾をかませて蓋をし、同様に蒸します。

6 銀あんを作る。小鍋に材料を合わせ、混ぜながら中火でとろみがつくまで煮る(**e**)。

7 蒸し上がった**5**に**6**をかけ、みつばとおろしわさびをのせる。

かぶの上品な甘さを、
とろとろの銀あんが引き立てます。

キャベツ焼売

● 米の粉 ／ ○ ミズホチカラ製菓用米粉 ／ ○ ミズホチカラパン用米粉

皮の代わりにキャベツを使った、手軽でヘルシーな包まない焼売。

材料（2人分）

豚ひき肉…200g

A
- 長ねぎの小口切り（5㎜幅）…¼本分
- 桜えび（乾燥）…1g
- 米粉…大さじ1½
- オイスターソース…大さじ1
- 塩、こしょう…各少々

キャベツ…¼個

米粉…大さじ½

作り方

1. ボウルにひき肉と**A**を入れ、手で粘りが出るまでよく練り混ぜる。
2. **1**を12等分して丸める。
3. キャベツは5㎜幅の細切りにし、ポリ袋に入れて米粉を加え、シャカシャカとふって全体に均一にまぶす。
4. フライパンにクッキングシートを敷き、**2**を間隔をあけて並べ入れ、その上に**3**をかぶせる（**a**）。
5. フライパンとクッキングシートの間に水150㎖（分量外）を注ぎ入れる（**b**）。蓋をして中火にかけ、蒸気がしっかり上がってから15分蒸す。途中で水が少なくなったら適宜足す。

スペアリブの豆豉蒸し

● 米の粉 ／ ○ ミズホチカラ製菓用米粉 ／ ○ ミズホチカラパン用米粉

下味をしっかりなじませ、あとは蒸すだけ。

材料（2人分）

豚スペアリブ…400g

A
- 豆豉醤…大さじ2
- 鶏がらスープの素（粉末）…小さじ1
- 砂糖…小さじ1
- 粗びき黒こしょう…少々
- おろしにんにく…大さじ½

ごま油…大さじ½

米粉…大さじ2

赤唐辛子の小口切り…½本分

作り方

1. スペアリブは、肉側に縦に1本切り目を入れる。ポリ袋に入れて**A**を加え、袋の上からよくもむ。そのまま30分以上おく。
2. **1**にごま油、米粉大さじ½を加え、袋の上から軽くもむ。さらに残りの米粉を加え、スペアリブの表面にまぶす。耐熱の器に広げてのせ、赤唐辛子をふる（**a**）。
3. フライパンにキッチンペーパーを4つ折りにして置き、その上に**2**をのせて水を深さ2㎝ほど注ぎ入れる。蓋をして中火にかけ、蒸気がしっかり上がってから20〜30分蒸す。途中で水が少なくなったら適宜足す。

豚ばら肉と野菜の重ね蒸し

● 米の粉 ／ ○ ミズホチカラ製菓用米粉 ／ ○ ミズホチカラパン用米粉

とろりとした野菜の表面に
肉のうまみがからみます。

材料（2人分）

豚ばら薄切り肉 … 150g

A
- 米粉 … 大さじ1
- 甜面醤（テンメンジャン） … 大さじ1
- 豆板醤 … 小さじ1
- しょうゆ … 小さじ1
- 鶏がらスープの素（粉末） … 小さじ1

れんこん … 100g
かぼちゃ … 100g
米粉 … 大さじ1½
ごま油 … 小さじ1
小ねぎの小口切り … 1本分

作り方

1. 豚肉は5cm幅に切り、Aをよくもみ込む。
2. れんこんは5mm幅の輪切りにし、水にさらしてアクを抜き、キッチンペーパーで水けを取る。かぼちゃは皮つきのまま5mm幅に切る。
3. ポリ袋に2を入れて米粉を加え、シャカシャカとふって全体に均一にまぶす。
4. 耐熱の器に1と3を少しずつ重ねながら円形にのせ、ごま油を回しかける（a）。
5. フライパンにキッチンペーパーを4つ折りにして置き、その上に4をのせて水を深さ2cmほど注ぎ入れる。蓋をして中火にかけ、蒸気がしっかり上がってから15～20分蒸す。途中で水が少なくなったら適宜足す。蒸し上がったら小ねぎを散らす。

a

白身魚の蒸しもの

● 米の粉 ／ ○ ミズホチカラ製菓用米粉 ／ ○ ミズホチカラパン用米粉

身のやわらかい白身魚は、シンプルな蒸し料理がおすすめ。

材料（2人分）

白身魚（切り身／生たら、たいなど）…2切れ（200g）
長ねぎ…½本
しょうが…½かけ
A 塩…小さじ⅓
粉山椒…小さじ¼
米粉…大さじ1
B しょうゆ…大さじ1
みりん…大さじ1
酒…大さじ2

a

b

作り方

1. 長ねぎは青い部位と白い部分に切り分け、白い部分を白髪ねぎにする。しょうがは皮をむき、針しょうがにする。長ねぎの青い部分、しょうがの皮は取り置く。
2. 白身魚はキッチンペーパーで水けを取り、**A**を上から順にまぶす（**a**）。
3. 小さめの耐熱ボウルに**B**を入れ、ラップをしないで電子レンジで30秒加熱し、アルコール分をとばす。
4. 耐熱の器に**2**をのせ、上に長ねぎの青い部位、しょうがの皮をのせ、酒を回しかける。フライパンにキッチンペーパーを4つ折りにして置き（**b**）、その上にのせて水を深さ2cmほど注ぎ入れる。蓋をして中火にかけ、蒸気がしっかり上がってから15〜20分蒸す。途中で水が少なくなったら適宜足す。
5. 蒸し上がったら取り出して長ねぎとしょうがの皮を除き、白身魚の上に白髪ねぎ、針しょうがをのせ、**3**をかける。

治部煮

● 米の粉 ／ ○ ミズホチカラ製菓用米粉 ／ ○ ミズホチカラパン用米粉

鶏肉にまぶした米粉でうまみを閉じ込め、冷めても消えないとろみをつけます。

材料（2人分）

鶏もも肉…1枚(300g)
塩…少々
米粉…大さじ1
にんじん…¼本
生しいたけ…2枚
春菊…¼束
A だし…200mℓ
　みりん…大さじ2
　しょうゆ…大さじ1
　塩…少々

作り方

1. 鶏肉はキッチンペーパーで水けを取り、身の厚い部分に切り目を入れて開き、厚みを均等にする。余分な脂肪や皮を切り落とし、6等分に切って塩、米粉をふり(a)、手で叩くようにして米粉をしっかりなじませる。
2. にんじんは1cm厚さの輪切りにし、ラップで包んで電子レンジで1分加熱し、そのまま1分おく。しいたけは軸を取って飾り切りする(b)。
   memo しいたけは火が入ると縮むので、米印に入れる切り込みは、広く深く入れましょう。
3. 春菊はかたい茎を切り落として水洗いし、そのまま水けをきらずにラップで包み、電子レンジで2分加熱する。冷水にとって冷まし、粗熱が取れたら5cm長さに切って水けを絞る。
4. 鍋に**A**を入れて強火にかけ、煮立ったら**1**、**2**を加えて中火にし、2〜3分煮る。鶏肉に火が通ったら**3**を加え、ひと煮立ちさせる。

a

b

グリーンサラダ

チキンカレー

ダマになりにくい米粉は、ルー作りに最適。
さらりとしたとろみで、
後味軽いカレーに仕上がります。

チキンカレー

● 米の粉 ／ ○ ミズホチカラ製菓用米粉 ／ ○ ミズホチカラパン用米粉

材料（2人分）

鶏もも肉…1枚(350g)
A 塩…小さじ⅓
　こしょう…適量
　米粉…大さじ1
玉ねぎ…1個
おろししょうが…小さじ1
おろしにんにく…小さじ1
B カレー粉…大さじ1½
　米粉…大さじ1
トマトケチャップ…大さじ3
中濃ソース…大さじ2
C 水…300mℓ
　ローリエ…1枚
　塩…小さじ½
バター…10g
サラダ油…大さじ2
温かいご飯…適量

作り方

1 鶏肉はキッチンペーパーで水けを取り、身の厚い部分に切り目を入れて開き、厚みを均等にする。余分な脂肪や皮を切り落とし、6等分に切ってAを上から順にまぶし（a）、手で叩くようにして米粉をしっかりなじませる。

2 玉ねぎは繊維に沿って薄切りにする。

3 フライパンにサラダ油大さじ1½を入れて強めの中火で熱し、2を炒める。薄く焦げ目がついてきたらしょうが、にんにくを加えてさらに炒め、Bを加えて粉っぽさがなくなるまで炒め（b）、いったん取り出す。

4 3のフライパンにサラダ油大さじ½を加えて中火で熱し、鶏肉の皮目を下にして並べ入れて焼く。焼き色がついたら裏返し、1分焼く（c）。

5 3を戻し入れてトマトケチャップ、中濃ソースを加え、全体にからめるように炒める。

6 Cを加え、強めの中火で加熱する。煮立ったら弱めの中火にして蓋をし、ときどき鍋底をこそげるように混ぜて10分煮込む。仕上げにバターを加えてひと混ぜする。

7 器にご飯を盛り、6をかける。

a

b

c

グリーンサラダ

材料（2人分）

レタス…¼個
きゅうり…½本
玉ねぎ…⅙個
A オリーブ油…大さじ1
　レモン汁…大さじ½
　塩…少々
　粗びき黒こしょう…少々

作り方

1 レタスは食べやすい大きさにちぎり、きゅうりは薄い輪切りにする。玉ねぎは繊維に沿ってごく薄く切る。ボウルにすべてを合わせて水にさらし、シャキッとしたら水けをきり、ポリ袋に入れて冷蔵庫で30分冷やす。

2 1にAを入れ、袋の中でよく混ぜる。

米粉でとろみをつけた、中華の定番料理。
なめらかな口当たりと
ほどよい辛さが後引くおいしさ。

麻婆豆腐

● 米の粉 ／ ○ ミズホチカラ製菓用米粉 ／ ○ ミズホチカラパン用米粉

材料（2人分）

木綿豆腐 … 1丁（400g）
豚ひき肉 … 100g
長ねぎ … ¼本
A 甜面醤（テンメンジャン） … 大さじ2
豆板醤 … 大さじ1
おろししょうが … 小さじ½
B 水 … 150mℓ
米粉 … 小さじ2
鶏がらスープの素（粉末） … 小さじ1
花椒粉（ホアジャオフェン） … 適宜

作り方

1. 豆腐はざるにのせて水けをきり、12等分のさいの目切りにする。長ねぎは粗みじん切りにする。
2. フライパンに豚肉、**A**を入れて中火で炒め、香りが立ったら豆腐を加えて崩さないように炒める。
3. **B**を加え、煮立ったら蓋をしてときどき混ぜながら2〜3分煮る（**a**）。とろみがついたら長ねぎを加え、ひと混ぜする。
memo 米粉を使う場合は、しっかり加熱することでとろみが安定します。
4. 器に盛り、好みで花椒粉をふる。

ふわふわ卵にとろりとからむあん。
町中華の人気メニューをおうちで！

かに玉あんかけ

● 米の粉 ／ ○ ミズホチカラ製菓用米粉 ／ ○ ミズホチカラパン用米粉

材料（2人分）

卵 … 4個
かに風味かまぼこ … 50g
生しいたけ … 1枚
小ねぎ … 3本

A
水 … 大さじ½
鶏がらスープの素（粉末）… 小さじ1
米粉 … 大さじ½

B
水 … 150mℓ
トマトケチャップ … 大さじ2
オイスターソース … 大さじ½
米粉 … 大さじ½
鶏がらスープの素（粉末）… 小さじ½
こしょう … 少々

ごま油 … 大さじ1

作り方

1. しいたけは軸を取って薄切りにし、小ねぎは斜め薄切りにする。かに風味かまぼこは大き目にほぐす。
2. ボウルに卵は割り入れて溶きほぐし、Aをよく混ぜて加えて混ぜ合わせる。
3. フライパンにごま油を中火で熱し、しいたけを炒める。しんなりしたら、小ねぎ、かに風味かまぼこを加え、2を流し入れ、菜箸で大きく混ぜながら火を通す（a）。ゆるめのスクランブルエッグ状になったら蓋をし、弱火で3〜4分蒸し焼きにして器に盛る。
4. 3のフライパンにBを入れ、強めの中火で混ぜながら煮る（b）。とろみがついたら3のかに玉にかける。

a

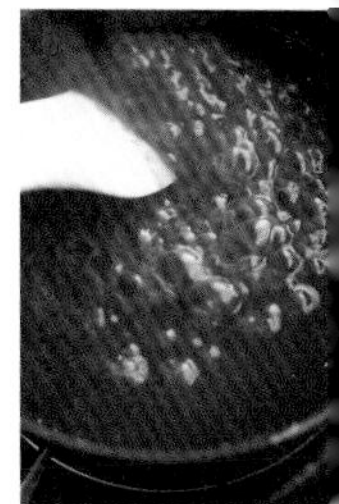

a

b

a

b

八宝菜

● 米の粉 ／ ○ ミズホチカラ製菓用米粉 ／ ○ ミズホチカラパン用米粉

材料（2人分）

豚切り落とし肉…150g
むきえび…大5尾(100g)
ほたて貝柱…6個(100g)
キャベツ…3枚
長ねぎ…¼本
にんじん…⅙本
生しいたけ…2枚
きくらげ(乾燥)…2g
さやえんどう…5枚
塩、こしょう…各少々
米粉…大さじ1
酒…大さじ1
A 水…150mℓ
鶏がらスープの素(粉末)…大さじ½
米粉…大さじ1
おろししょうが…小さじ½
塩、こしょう…各少々
ごま油…大さじ1

作り方

1 キャベツは食べやすい大きさにちぎり、長ねぎは1㎝幅の斜め切りにし、にんじんは薄い短冊切りにする。しいたけは軸を取り、3等分にそぎ切りにする。きくらげは水に浸けて戻し、かたい部分を切り落として食べやすい大きさに切る。さやえんどうはヘタと筋を取り除く。

2 **A**を合わせ、よく混ぜる。

3 豚肉は食べやすい大きさに切り、塩、こしょうをふる。むきえびは背ワタがあれば取り除き、米粉をふってよくもみ込み、流水で洗ってキッチンペーパーで水けをしっかりふき取る。ほたて貝柱はキッチンペーパーで水けをふき取る。

4 **3**に米粉(分量外)を薄くまぶす(**a**)。

5 フライパンにごま油を強めの中火で熱し、**4**を入れて炒める。色が変わったら**1**を加え、酒を回しかけて蓋をし、2分蒸し焼きにする。

6 **2**をよく混ぜてから加え(**b**)、全体にとろみがつくまで煮る。

えびのチリソース

● 米の粉 ／ ○ ミズホチカラ製菓用米粉 ／ ○ ミズホチカラパン用米粉

材料（2人分）

むきえび…200g
長ねぎ…¼本
米粉…大さじ2½
A 水…100mℓ
鶏がらスープの素(粉末)…小さじ1
B トマトケチャップ…大さじ2
豆板醤…大さじ½
オイスターソース…大さじ½
米粉…小さじ2
砂糖、酢…各小さじ1
サラダ油…大さじ1

作り方

1 むきえびは背ワタがあれば取り除き、米粉大さじ2をふってよくもみ込む(**a**)。流水で洗ってキッチンペーパーで水けをしっかりふき取り、米粉大さじ½をまぶす(**b**)。

2 長ねぎは粗みじん切りにする。

3 **A**を合わせて混ぜ、なじんだら**B**を加えてよく混ぜる。

4 フライパンにサラダ油を強めの中火で熱し、**1**を入れて炒める。全体の色が変わったら**3**をよく混ぜてから加え、全体を混ぜながら煮る。とろみがついたら**2**を加え、ひと混ぜする。

米粉で加熱による縮みを抑え、
ふっくらしっとりのでき上がりに。

八宝菜

えびのチリソース

米粉で焼き目がカリッと香ばしくつき、
たれもしっかりからみます。

豚肉のしょうが焼き

●米の粉 ／ ○ミズホチカラ製菓用米粉 ／ ○ミズホチカラパン用米粉

材料（2人分）

豚肉(しょうが焼き用)…6枚
A 塩…小さじ¼
こしょう…少々
米粉…大さじ½
玉ねぎの薄切り…½個分
B しょうゆ…大さじ2
みりん…大さじ1
おろししょうが…大さじ½
サラダ油…大さじ½
キャベツのせん切り…¼個分

作り方

1 豚肉は脂身と赤身の境目にある筋に等間隔に切り目を入れて筋切りをし、**A**を上から順にまぶして手で叩くようにして米粉をなじませる。

2 ポリ袋に玉ねぎと**B**を入れ、袋の上からよくもむ。

3 フライパンにサラダ油を強めの中火で熱し、**1**を両面に焼き色がつくまで焼き、**2**を加えて煮からめる(**a**)。

4 器にキャベツを盛り、**3**の豚肉をのせて煮汁をかける。

a

ハヤシライス

● 米の粉 ／ ○ ミズホチカラ製菓用米粉 ／ ○ ミズホチカラパン用米粉

材料（2人分）

牛切り落とし肉…200g

A
- 塩…小さじ⅓
- 粗びき黒こしょう…少々
- 米粉…大さじ1

玉ねぎ…1個

セロリ…½本

バター…20g

B
- トマトケチャップ…大さじ4
- 中濃ソース…大さじ2
- 白ワイン（または酒）…50mℓ
- 塩…小さじ½
- 粗びき黒こしょう…少々
- 水…200mℓ

温かいご飯…適量

パセリの葉のみじん切り…適宜

作り方

1. 牛肉は食べやすく切り、**A**を上から順にまぶして手で叩くようにして米粉をなじませる。
2. 玉ねぎは繊維に沿って薄切りにする。セロリは茎の部分を薄切りにし、葉は5枚ほどせん切りにする。
3. フライパンにバターの半量を入れて強めの中火で熱し、**2**を加えて薄茶色になるまで5〜6分炒め、さらに**1**を加えて肉の色が変わるまで炒める（**a**）。
4. **3**に**B**を加え、煮立ったら中火にして5分煮る。仕上げに残りのバターを加えてひと混ぜする。
5. 器にご飯を盛って**4**をかけ、あればパセリの葉を散らす。

a

即席でも味は本格派。
さらりとしたとろみで後味も軽やか。

鶏肉のみぞれあんかけ

● 米の粉 ／ ○ ミズホチカラ製菓用米粉 ／ ○ ミズホチカラパン用米粉

寒い季節にうれしいあんかけ料理。
やさしいとろみにほっとします。

材料（2人分）

鶏もも肉…1枚(350g)

A
- 塩…小さじ⅓
- 米粉…大さじ½

しめじ…½袋(50g)

B
- だし…70mℓ
- しょうゆ…大さじ1
- みりん…大さじ1
- 米粉…小さじ1
- 塩…少々

大根おろし…100g
小ねぎ…1本
サラダ油…小さじ1

作り方

1. 鶏肉はキッチンペーパーで水けを取り、身の厚い部分に切り目を入れて開き、厚みを均等にする。余分な脂肪や皮を切り落とし、**A**を上から順にまぶして手で叩くようにして米粉をなじませる。
2. しめじは石づきを落としてほぐす。小ねぎは小口切りする。
3. **B**を合わせ、よく混ぜる。
4. フライパンにサラダ油を強めの中火で熱し、**1**の皮目を下にして入れ、へらなどで上から押しつけるようにして焼く。皮目に焼き色がついてパリッとしたら裏返し、弱めの中火にして5～6分焼き、取り出す。
5. **4**のフライパンにしめじを入れ、中火で炒める。火が通ったら**3**をよくかき混ぜてから加え(**a**)、混ぜながらとろみがつくまで煮る。
   memo 米粉は沈みやすいので、とろみがつくまで混ぜながら煮ます。
6. 鶏肉を6等分に切って器に盛り、大根おろしをのせて**5**をかけ、小ねぎを散らす。

めかじきの野菜あんかけ

● 米の粉 ／ ○ ミズホチカラ製菓用米粉 ／ ○ ミズホチカラパン用米粉

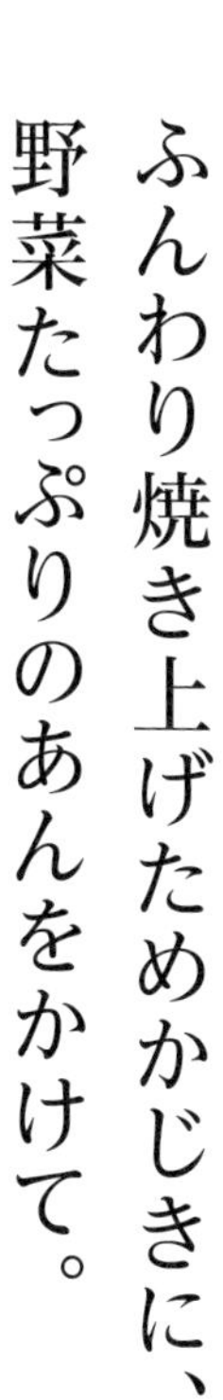

ふんわり焼き上げためかじきに、
野菜たっぷりのあんをかけて。

材料（2人分）

めかじき（切り身）
　… 2切れ（200g）
にんじん … ⅓本
えのきだけ … ½袋（50g）
さやいんげん … 5本
長ねぎ … ¼本
米粉 … 大さじ½
A
水 … 100mℓ
しょうゆ … 大さじ1
みりん … 大さじ1
米粉 … 大さじ½
塩 … 少々
サラダ油 … 大さじ2

作り方

1. にんじんは細切りにし、えのきだけは石づきを切り落としてほぐす。さやいんげんはヘタと筋を取り、斜め細切りにする。長ねぎは斜め薄切りにする。
2. めかじきはキッチンペーパーで水けをふき取り、米粉をまぶす。
3. フライパンにサラダ油を中火で熱し、**2**を両面1分30秒ずつ焼きつけ、器に盛る。
4. **3**のフライパンに**1**、よく混ぜた**A**を入れ、中火で煮る。野菜がしんなりして煮汁にとろみがついたら（**a**）、**3**のめかじきにかける。

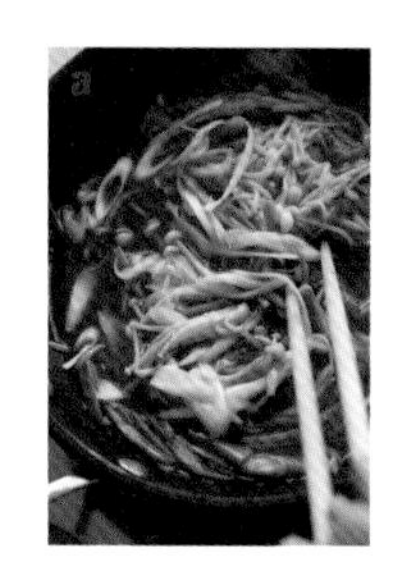
a

米粉でやさしいとろみをつけた、
具だくさんのすっぱ辛い中華スープ。

酸辣湯

● 米の粉 ／ ○ ミズホチカラ製菓用米粉 ／ ○ ミズホチカラパン用米粉

材料（2人分）

豚ひき肉…150g
木綿豆腐…½丁(200g)
干ししいたけ(薄切り)…3g
小ねぎ…2本
溶き卵…1個分
A しょうゆ…大さじ1½
　酢…大さじ1
　鶏がらスープの素(粉末)…大さじ½
水溶き米粉
　米粉…大さじ2
　水…大さじ2
ごま油…小さじ½
塩、こしょう…各少々
ラー油(またはごま油)…適宜

作り方

1 耐熱ボウルに干ししいたけを入れて水500mℓ(分量外)を加え、ラップなしで電子レンジで5分加熱する。

2 豆腐は1cm角に切り、小ねぎは小口切りにする。

3 鍋にごま油を中火で熱し、豚肉を炒める。肉の色が変わったら**1**を戻し汁ごと入れ、豆腐を加える。煮立ったら**A**を加え、水溶き米粉をよくかき混ぜて回し入れ(**a**)、とろみがつくまで混ぜながら煮る。

4 **3**を軽く煮立たせ、溶き卵を細くたらして回し入れる(**b**)。ひと混ぜして卵に火を通し、塩、こしょうで味を調えて小ねぎを散らす。器に盛り、好みでラー油をかける。

a

酸辣湯麺

米粉うどん(P.082)または中華麺をゆでて加えれば完成。スープにとろみがついているので冷めにくく、麺によくからんでのどごしもなめらか。

b

うまみたっぷりのつみれが、
口の中でほろりとほどけます。

さば缶と豆腐のつみれ汁

● 米の粉 ／ ○ ミズホチカラ製菓用米粉 ／ ○ ミズホチカラパン用米粉

材料（2人分）

さばの水煮(缶詰)… 1缶(190g)
木綿豆腐 … ½丁(200g)

A
- 米粉 … 大さじ2
- みそ … 小さじ½
- おろししょうが … 小さじ½

米粉 … 適量

B
- だし … 400mℓ
- 酒 … 50mℓ
- 薄口しょうゆ … 小さじ1
- 塩 … 小さじ⅓

長ねぎ … ¼本
みょうが … 1個

作り方

1. さばは缶汁をしっかりきる。
2. 耐熱皿に厚手のキッチンペーパーを敷いて豆腐を置き、ラップなしで電子レンジで3分加熱し、粗熱が取れたら水けをしっかり絞る。
3. 長ねぎは斜めの薄切りにし、みょうがは繊維に沿って薄切りにする。
4. ボウルに**1**、**2**、**A**を入れ(**a**)、手でよく練り混ぜる。6等分してだんご状に丸め、米粉を薄くまぶし、手で軽く握って粉を密着させ、形を整える。
5. 鍋に**B**を入れて中火にかけ、煮立ったら弱火にして**4**を加え、蓋をして2分煮る。つみれを崩さないように注意して上下を返し、さらに蓋をして2分煮る。

memo つみれはやわらかく崩れやすいので、できるだけ触らずに煮ます。

6. 器につみれを盛る。**5**の鍋に**3**を加えてひと混ぜし、器に注ぐ。

鮭と白菜の豆乳スープ

● 米の粉 ／ ○ ミズホチカラ製菓用米粉 ／ ○ ミズホチカラパン用米粉

材料（2人分）

生鮭(切り身)…2切れ(200g)
A 塩…小さじ1/3
　こしょう…少々
　米粉…大さじ1/2
白菜…1枚(100g)
長ねぎ…1/4本
ローリエ…1枚
水…200mℓ
調整豆乳…200mℓ
塩…小さじ1/3
こしょう…少々
水溶き米粉
　米粉…大さじ1 1/2
　水…大さじ1 1/2

作り方

1 生鮭はキッチンペーパーで水けを取り、皮を取り除いて4等分に切る。**A**を上から順にまぶし、手で叩くようにして米粉をしっかりなじませる。

2 白菜は5㎜幅に切り、長ねぎは斜め薄切りにする。

3 鍋に**2**、ローリエ、分量の水を入れて中火にかける。煮立ったら**1**を重ならないように入れ、蓋をして3分煮る。

4 豆乳、塩、こしょうを加え、再び煮立ったら水溶き米粉をよくかき混ぜて回し入れ、とろみがつくまで混ぜながら煮る。

バターを使わず米粉のとろみで作る、
さらりと軽いクリームスープ。

中華風コーンスープ

● 米の粉 ／ ○ ミズホチカラ製菓用米粉 ／ ○ ミズホチカラパン用米粉

材料（2人分）

クリームコーン（缶詰）… 100g
長ねぎ … ¼本
A 水 … 200mℓ
鶏がらスープの素（粉末）… 大さじ½
塩、こしょう … 各少々
水溶き米粉
米粉 … 大さじ½
水 … 大さじ½
溶き卵 … 1個分

作り方

1. 長ねぎは斜め薄切りにする。
2. 鍋にクリームコーンと**A**を入れて中火にかけ、煮立ったら**1**を加える。再び煮立ったら塩、こしょうで味を調える。
3. 水溶き米粉をよくかき混ぜて回し入れ、とろみがつくまで混ぜながら煮る（**a**）。
4. **3**を軽く煮立たせ、溶き卵を細くたらして回し入れ（**b**）、ひと混ぜして卵に火を通す。

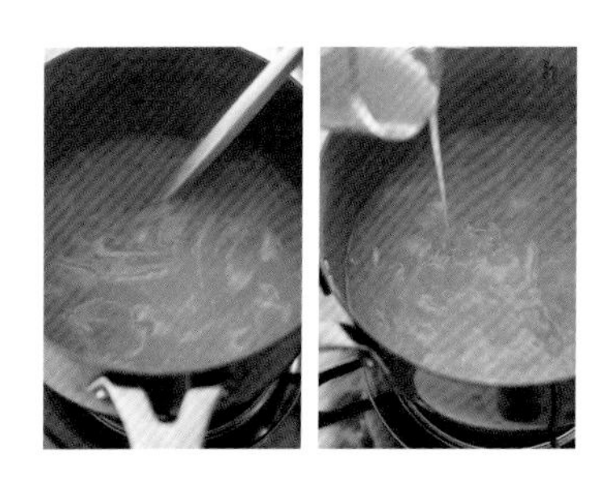

コーンの甘みとのど越しなめらかなとろみは、
繰り返し作りたくなるおいしさです。

とろみをつけただしに溶き卵を流し入れることで、
卵がふんわりきれいに仕上がります。

かきたまスープ

● 米の粉 ／ ○ ミズホチカラ製菓用米粉 ／ ○ ミズホチカラパン用米粉

材料（2人分）

溶き卵 … 1個分
生しいたけ … 2枚
長ねぎ … ¼本
A だし … 300mℓ
酒 … 大さじ2
塩 … 小さじ⅓
粗びき黒こしょう … 少々
水溶き米粉
米粉 … 大さじ1
水 … 大さじ1½
しょうゆ … 小さじ1
こしょう … 少々

作り方

1. しいたけは石づきを切り落として薄切りにする。長ねぎは斜め薄切りにする。
2. 鍋に**A**を入れて中火にかけ、煮立ったら**1**を加え、水溶き米粉をよくかき混ぜて回し入れ、とろみがつくまで混ぜながら煮る。
3. **2**を軽く煮立たせ、溶き卵を細くたらして回し入れ(**a**)、ひと混ぜして卵に火を通し、しょうゆ、こしょうで味を調える。

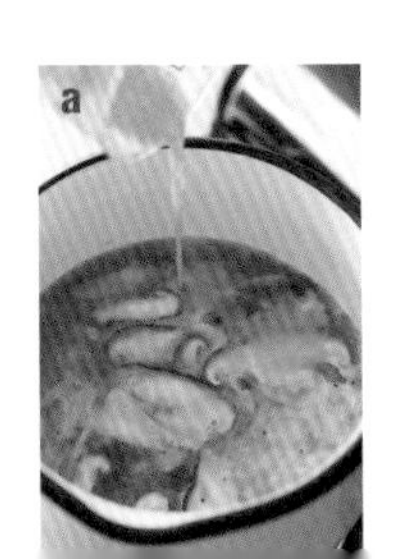
a

でんぷん質の少ない野菜でも、
米粉を使えば手軽においしいポタージュが作れます。

にんじんのポタージュ

● 米の粉 ／ ○ ミズホチカラ製菓用米粉 ／ ○ ミズホチカラパン用米粉

材料（2人分）

にんじん … 1本
長ねぎ … 1/4本
セロリ … 1/4本
バター … 15g
塩 … 小さじ1/3
こしょう … 少々
A 米粉 … 小さじ1
牛乳 … 150mℓ

作り方

1. にんじんは薄い輪切りにし、長ねぎ、セロリはごく薄く切る。
2. 鍋にバター、長ねぎ、セロリを入れて中火で炒め、しんなりしたらにんじんを加えさらに炒める。
3. ひたひたの水(分量外)、塩、こしょうを加え、にんじんがやわらかくなるまで煮る。粗熱を取り、ミキサー(またはフードプロセッサー)でなめらかになるまで攪拌する。
4. **A**を合わせ、よく混ぜて米粉を溶かす。
5. 鍋に**3**を入れて中火にかけ、煮立ったら**4**を加えて混ぜながらとろみがつくまで煮る。

かぶのポタージュ

● 米の粉 ／ ○ ミズホチカラ製菓用米粉 ／ ○ ミズホチカラパン用米粉

材料（2人分）

かぶ(白い部位)
… 2〜3個(200g)
長ねぎ … 1/4本
セロリ … 1/4本
バター … 15g
塩 … 小さじ1/3
こしょう … 少々
A 米粉 … 小さじ1
牛乳150mℓ

作り方

「にんじんのポタージュ」のにんじんをかぶに替えて、同様に作る。

アスパラガスのポタージュ

● 米の粉 ／ ○ ミズホチカラ製菓用米粉 ／ ○ ミズホチカラパン用米粉

材料（2人分）

グリーンアスパラガス
… 4本(150g)
長ねぎ … 1/4本
セロリ … 1/4本
バター … 15g
塩 … 小さじ1/3
こしょう … 少々
A 米粉 … 小さじ1
牛乳 … 150mℓ

作り方

「にんじんのポタージュ」のにんじんをアスパラガスに替えて、同様に作る。

アスパラガスのポタージュ

にんじんのポタージュ

かぶのポタージュ

グルテンを含まない米粉は、
小麦粉のようにダマになりにくく、
簡単&失敗なくホワイトソースが作れます。

シーフードグラタン

チキンと野菜のグラタン

具材に米粉をまぶして炒め、
牛乳を加えて煮れば完成。
より手軽で失敗知らずのホワイトソースです。

◎ ホワイトソース

● 米の粉 ／ ○ ミズホチカラ製菓用米粉 ／ ○ ミズホチカラパン用米粉

材料（2人分）

牛乳 … 400mℓ
米粉 … 40g
バター … 40g
ナツメグパウダー … 少々

作り方

1 ボウルに米粉を入れ、牛乳を3～4回に分けて加え、その都度泡立て器でよく混ぜる。

2 フッ素樹脂加工のフライパンに**1**をよく混ぜて入れ、中火でとろみがつくまでゴムべらで混ぜながら煮る（**a**）。

3 ふつふつと軽く煮立ったら火を止めてバター、ナツメグパウダーを加え、よく混ぜる（**b**）。
memo ぐつぐつと煮立てるとダマができてしまうことがあるので、ふつふつと沸いてきたらすぐに火を止めます。

すぐ使わない場合は、バットに移してラップを表面に密着させ、粗熱が取れたら冷蔵庫で保存して2～3日で使い切る。冷凍なら2週間～1か月ほど保存可能。冷凍用保存袋に入れて空気をしっかり抜き、薄く平らにして冷凍庫へ。

a

b

シーフードグラタン

● 米の粉 ／ ○ ミズホチカラ製菓用米粉 ／ ○ ミズホチカラパン用米粉

材料（2人分）

むきえび … 100g
ほたて貝柱 … 100g
玉ねぎ … ½個
ブロッコリー … 50g
じゃがいも … 2〜3個(300g)
米粉 … 大さじ1
バター … 10g
ローリエ … 1枚
白ワイン(または酒) … 大さじ1
ホワイトソース (P.064) … 全量
塩 … 小さじ⅔
こしょう … 適量
ピザ用チーズ … 60g
米粉のパン粉 (P.095／またはパン粉) … 大さじ1

作り方

1 玉ねぎは繊維に沿って薄切りにし、ブロッコリーはひと口大に切り分ける。

2 じゃがいもは皮つきのまま1個ずつラップで包み、電子レンジで3分加熱する。裏返してさらに1分加熱し、そのまま2分おき、皮をむいてひと口大に切る。

3 むきえびは背ワタがあれば取り除き、米粉小さじ2をふってよくもみ込み、流水で洗ってキッチンペーパーで水けをしっかりふき取る。ほたて貝柱はキッチンペーパーで水けをふき取る。

4 **3**にそれぞれこしょう少々をふり、全体に米粉小さじ1をまぶす。

5 フライパンにバターを中火で熱し、玉ねぎを加えてしんなりするまで炒める。

6 **4**とローリエを加えて白ワインを回し入れ、蓋をして1分蒸し煮にする。ブロッコリー、**2**、ホワイトソース、塩、こしょう少々を加え、よく混ぜる。

7 耐熱容器にバター(分量外)を薄く塗って**6**を入れ、チーズを散らしてパン粉をふり(**a**)、予熱した200℃のオーブンで15〜20分焼く。

a

チキンと野菜のグラタン

● 米の粉 ／ ○ ミズホチカラ製菓用米粉 ／ ○ ミズホチカラパン用米粉

材料（2人分）

鶏もも肉(小) … 1枚(200g)
A 塩 … 小さじ⅓
　こしょう … 少々
　米粉 … 大さじ½
セロリの茎 … 1本分
カリフラワー … ½個(180g)
ホワイトマッシュルーム … 1パック(100g)
バター … 30g
B 米粉 … 40g
　塩 … 小さじ⅔
　こしょう … 少々
牛乳 … 400mℓ
C 粉チーズ … 大さじ1
　米粉のパン粉 (P.095／またはパン粉) … 大さじ½

作り方

1 セロリは斜め薄切りにする。カリフラワーはひと口大に切り分け、マッシュルームは石づきを落として縦半分に切る。

2 鶏肉はキッチンペーパーで水けを取り、身の厚い部分に切り目を入れて開き、厚みを均等にする。余分な脂肪や皮を切り落とし、ひと口大に切って**A**を上から順にまぶし、手で叩くようにして米粉をしっかりなじませる。

3 フライパンにバターの⅓量を入れて中火で熱し、**2**の皮目を下にして並べ入れて焼く。薄く焼き色がついたら**1**を加えて炒め合わせる。

4 野菜がしんなりしたら**B**を加え(**a**)、粉っぽさがなくなるまで炒める。

5 牛乳を一気に加え、ゴムべらで混ぜながら煮る(**b**)。とろみがついたら残りのバターを加え、よく混ぜてなじませる。

6 耐熱容器にバター(分量外)を薄く塗り、**5**を入れて**C**をふり、予熱した200℃のオーブンで15〜20分焼く。

a

b

a

b

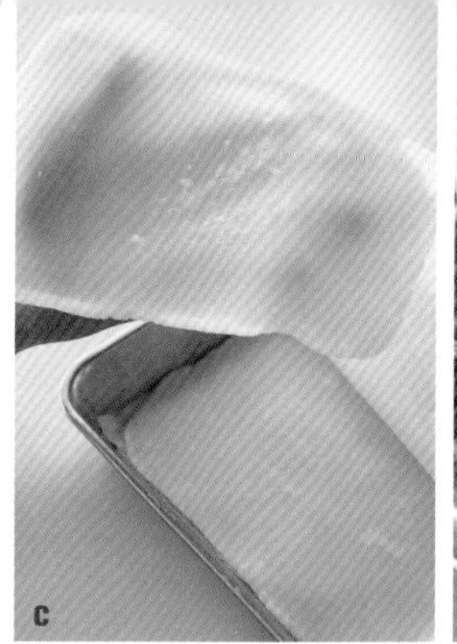
c

d

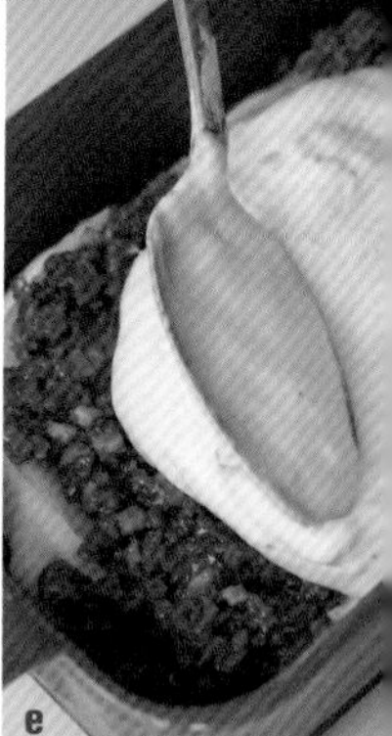
e

ラザニア

● 米の粉 ／ ○ ミズホチカラ製菓用米粉 ／ ○ ミズホチカラパン用米粉

材料（2人分）

ラザニア用米粉パスタ
- 米粉 … 90g
- 片栗粉 … 10g
- 水 … 70〜80mℓ
- オリーブ油 … 小さじ1
- 打ち粉（米粉） … 少量

ホワイトソース（P.064） … 全量

ミートソース
- 合いびき肉 … 200g
- 玉ねぎ … ¼個
- エリンギ … 1本（50g）
- トマトケチャップ … 大さじ5
- 中濃ソース … 大さじ1
- 米粉 … 小さじ1
- 塩 … 小さじ½
- 粗びき黒こしょう … 少々

ピザ用チーズ … 80g

下準備

- 18×14×高さ3㎝くらいの耐熱のバットを用意し、クッキングシートをバットの大きさに合わせて2枚カットする。

作り方

1. ラザニア用米粉パスタを作る。ボウルに米粉、片栗粉を入れて泡立て器でよく混ぜ、分量の水を2〜3回に分けて加え、手でこねる。耳たぶくらいのかたさになるように水分量を調整してひとつにまとめ、包丁で2等分に切る。
2. まな板に打ち粉をふって**1**の一方を置き、麺棒で17×13㎝くらい（バットに入る大きさ）に伸ばす。もう一方も同様に伸ばす（**a**）。
3. バットに用意したクッキングシート1枚を敷いて**2**の生地を1枚置き、上にもう1枚のシートをかぶせて残りの生地を置く。
4. フライパンにキッチンペーパーを4つ折りにして置き、その上に**3**をのせて水を深さ2㎝ほど注ぎ入れる。蓋をして中火にかけ、蒸気がしっかり上がってから15分蒸す（**b**）。途中で水が少なくなったら適宜足す。生地が半透明になれば完成（**c**）。火を止めて冷まし、半分に切る。
5. ミートソースを作る。玉ねぎ、エリンギはそれぞれみじん切りにする。耐熱ボウルにすべての材料を入れてよく混ぜ、ラップなしで電子レンジで10分加熱する。取り出しよく混ぜ（**d**）、再び5分加熱する。
6. ホワイトソース（P.064）を作る。
   memo 冷凍保存したホワイトソースを使う場合は、60℃の湯に浸けて解凍します。
7. 耐熱容器にバター（分量外）を薄く塗り、**4**の米粉パスタ、ミートソース、ホワイトソースの順に重ねる（**e**）。これをあと3回繰り返し、いちばん上にチーズを散らす。
8. 予熱した180℃のオーブンに入れ、30〜40分焼く。

ホワイトソースにミートソース、パスタまで、
米粉づくしの本格ラザニア。
ヘルシーだけどうまみはバッチリ！

やさしい味わいのクリームソースが、
甘いキャベツと肉汁たっぷりの肉だねとよく合います。

ロールキャベツのクリーム煮

● 米の粉 ／ ○ ミズホチカラ製菓用米粉 ／ ○ ミズホチカラパン用米粉

材料（2人分）

キャベツ(外葉) … 4枚
ホワイトソース(P.064) … ½量
肉だね
- 鶏ひき肉 … 200g
- しめじ … ½パック(50g)
- 玉ねぎ … ¼個
- 米粉 … 小さじ1
- 塩 … 小さじ¼
- こしょう … 少々

白ワイン(または酒) … 50mℓ
水 … 50mℓ
塩 … 小さじ¼
こしょう … 少々
粗びき黒こしょう … 適宜

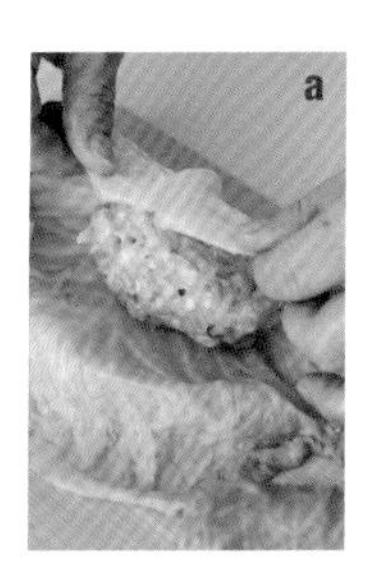

作り方

1. ホワイトソース(P.064)を作り、でき上がったソースの½量を取り分けて使う。残りは冷凍保存する。
   memo 冷凍保存したホワイトソースを使う場合は、60℃の湯に浸けて解凍します。
2. キャベツはかたい軸の部分を削ぎ落とし、ラップで包んで電子レンジで2分加熱し、粗熱を取る。
3. 肉だねを作る。しめじ、玉ねぎはそれぞれ粗みじん切りにする。ボウルにすべての材料を入れ、粘りが出るまで手でよく混ぜる。
4. **3**を4等分してそれぞれ俵形に軽くまとめ、**2**のキャベツ1枚に肉だね1個をのせる。手前からひと巻きして（**a**）両端の葉をかぶせるように折り、さらに巻く。残りも同様に作る。
5. フライパンに**4**を並べ入れて白ワイン、分量の水を回しかけ、蓋をして中火にかける。煮立ったら弱めの中火にし、5分蒸し焼きにする。
6. ロールキャベツを取り出して**1**、塩、こしょうを加え、中火で混ぜながら煮る。全体がなじんでなめらかなクリームソースになったらロールキャベツを戻し入れ、蓋をして6〜7分煮込む。器に盛り、好みで粗びき黒こしょうをふる。

なめらかホワイトソースがおいしさの決め手。
表面はサクッ、中はふんわりとろける
かにクリームがたっぷり！

かにクリームコロッケ

● 米の粉 ／ ○ ミズホチカラ製菓用米粉 ／ ○ ミズホチカラパン用米粉

材料（2人分）

かにのむき身（または缶詰）
…60g
長ねぎ…½本
ホワイトマッシュルーム
…½パック（50g）
バター…30g
白ワイン（または酒）
…大さじ1
こしょう…少々
A 米粉…70g
牛乳…200mℓ
塩…小さじ⅓
衣
米粉…適量
溶き卵…1個分
米粉のパン粉
（P.095／またはパン粉）
…適量
揚げ油…適量

作り方

1 かには粗くほぐして軟骨を取り除く。
memo 缶詰を使う場合は缶汁を軽くきってほぐし、軟骨を取り除く。

2 長ねぎは斜め薄切りにする。ホワイトマッシュルームは石づきを落として薄切りにする。

3 Aを合わせ、泡立て器でよく混ぜる。

4 フライパンにバターの半量を入れて中火で熱し、2を加えて炒める。しんなりしたら1を加えてさっと炒め合わせ、白ワインを加えて煮立たせる。

5 4に3を加え、ゴムべらで混ぜながらとろみがつくまで煮る。バットに移し、ラップを表面に密着させて冷ます（a）。粗熱が取れたら冷蔵庫で冷やす。
memo クリームコロッケのたねは、1時間以上かけてしっかりと冷やす事がポイント。成形しやすくなり、揚げる際の破裂防止にもなります。

6 5を4等分して俵形に成形する（b）。

7 衣の材料をそれぞれ容器に入れる。6に米粉をしっかりまぶし、余分な粉を落とす。溶き卵にくぐらせ、パン粉を手で押さえるようにしてつけ、余分なパン粉を軽く落とす。

8 揚げ油を中火で170℃に熱し、7を入れて両面を1分30秒ずつ揚げる。全体にこんがりと揚げ色がついたら引き上げ、バットに立てるように置いて油をきる。

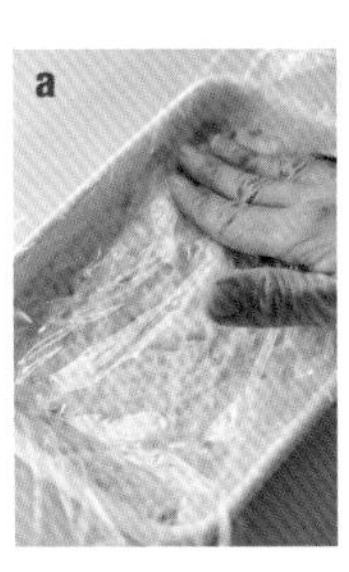
a

b

なめらかなクリームソースと
もちもちの米粉うどんの相性◎。

ツナとほうれん草のクリームパスタ

—

● 米の粉 ／ ○ ミズホチカラ製菓用米粉 ／ ○ ミズホチカラパン用米粉

材料（2人分）

ツナ（缶詰／油漬け／チャンク）
…1缶（140g）
玉ねぎ…¼個
サラダほうれん草…1袋（25g）
ホワイトソース（P.064）
…½量
米粉うどん（P.082）…2人分
（またはスパゲッティ200g）
牛乳…100mℓ
塩…小さじ⅓
粗びき黒こしょう…少々

作り方

1. ホワイトソース（P.064）を作り、でき上がったソースの½量を取り分けて使う。残りは冷凍保存する。
   memo 冷凍保存したホワイトソースを使う場合は、60℃の湯に浸けて解凍します。
2. 玉ねぎは繊維に沿って薄切りにする。サラダほうれん草は根元を切り落とし、長さを半分に切る。ツナは缶汁をきる。
3. 米粉うどん（P.084）を作る。
   memo スパゲッティを使う場合は袋の表示通りにゆで、ざるに上げて水けをきります。
4. 耐熱ボウルに牛乳、ホワイトソース、**2**を入れて混ぜ（**a**）、ラップをふんわりとかけて電子レンジで5分加熱する。
5. **4**にサラダほうれん草、塩を加えてよく混ぜる。
6. 器に米粉うどんを盛り、**5**をかけて塩、粗びき黒こしょうをふる。
   memo スパゲッティの場合は**5**に加えて混ぜ合わせ、塩、粗びき黒こしょうで調味します。

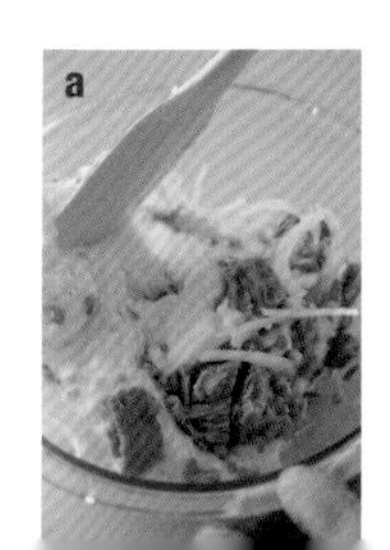
a

CHAPTER 2

米粉で粉もの！

米粉の生地を薄くパリッと焼き上げて、
豚肉やたっぷりのもやしをはさむ、
ベトナム南部の名物料理。

バインセオ

●米の粉 ／ ○ミズホチカラ製菓用米粉 ／ ○ミズホチカラパン用米粉

材料（2人分）

生地
- 米粉…50g
- ターメリック…小さじ⅓
- ココナッツミルク…50mℓ
- 水…80〜100mℓ
- 塩…少々

豚ばら薄切り肉…100g
桜えび(乾燥)…2g
塩…小さじ¼
こしょう…少々
もやし…½袋(100g)
サラダ油…大さじ2

つけだれ
- ナンプラー…大さじ1
- スウィートチリソース…大さじ2
- 酢…大さじ½
- おろしにんにく…小さじ⅓

サニーレタス、香菜…各適量

作り方

1. 豚肉は4cm幅に切り、フライパン(直径22cm)に入れて中火で焼く。脂が出てきたら桜えびを加え、1〜2分炒めて塩、こしょうで調味し、いったん取り出す。
2. ボウルに生地の材料を合わせ、泡立て器でよく混ぜる。
3. きれいにした**1**のフライパンにサラダ油大さじ½を中火で熱し、生地の半量を流し入れてフライパン全体に広げる。生地の半分にもやしの半量と**1**の豚肉の半量をのせ、蓋をして3分焼く。
4. 生地の周りからサラダ油大さじ½を回し入れ(**a**)、強めの中火で焼く。生地の底がパリッとしたら2つ折りにする(**b**)。
5. 器に盛り、サニーレタス、香菜、つけだれの材料を混ぜ合わせて添える。残りの材料で同様にもう1枚作る。

a

b

誰が作ってもふんわりもちもち。
腹持ちもよくて大満足のお好み焼き。

お好み焼き

● 米の粉 ／ ○ ミズホチカラ製菓用米粉 ／ ○ ミズホチカラパン用米粉

材料（2人分）

生地
- 米粉 … 120g
- 卵 … 1個
- 水 … 100～110mℓ
- 削り節 … 3g

豚ばら薄切り肉 … 5枚
キャベツ … ¼個
長ねぎ … ½本
卵 … 2個
サラダ油 … 大さじ2
ソース（好みのもの）、
　マヨネーズ … 各適量
青のり、削り節 … 各適量

作り方

1 豚肉は長さを半分に切る。キャベツは1cm四方くらいに切り、長ねぎは5mm幅の小口切りにする。

2 ボウルに生地の材料を入れて泡立て器でよく混ぜ、2等分する。

3 生地の半量にキャベツ、長ねぎの半量を加え（**a**）、よく混ぜる。

4 大きめのフライパンにサラダ油大さじ1を中火で熱し、豚肉の半量を並べ入れてその上に**3**をのせ、丸く形を調えながら2～3分焼く。

5 **4**を裏返してさらに3～4分焼き、フライパンの端に寄せる。空いたスペースに卵を割り入れて目玉焼きを作り（**b**）、その上にお好み焼きをのせて1分焼く。

6 器に盛り、ソース、マヨネーズ、青のり、削り節をトッピングする。残りの材料で同様にもう1枚作る。

チヂミ

米粉の生地は余分な油を吸わないので、軽くカリッと仕上がります。

● 米の粉 ／ ○ ミズホチカラ製菓用米粉 ／ ○ ミズホチカラパン用米粉

材料（2人分）

生地
- 米粉…100g
- 水…50mℓ
- 卵…1個
- 鶏がらスープの素（粉末）…大さじ½

にら…1束
さきいか…30g
桜えび（乾燥）…2g
ごま油…大さじ1½
つけだれ
- しょうゆ…大さじ1
- 酢…大さじ1
- コチュジャン…小さじ1
- ごま油…小さじ1
- 白いりごま…小さじ1

作り方

1. にらは4cm長さに切り、さきいかはざく切りにする。
2. ボウルに生地の材料を入れて泡立て器でよく混ぜ、**1**、桜えびを加え（**a**）、ムラなく混ぜる。
3. フライパン（直径22cm）にごま油大さじ1を中火で熱し、生地を流し入れて3～4分焼き（**b**）、裏返してさらに3～4分焼く。
4. 生地の周りからごま油大さじ½を回し入れ、強めの中火でカリッとするまで1～2分焼く。
5. **4**を食べやすい大きさに切って器に盛り、つけだれの材料を混ぜ合わせて添える。

a　b

米粉で作るのでまさにおもち！
もっちりとして食べ応えあり。

大根もち

● 米の粉 ／ ○ ミズホチカラ製菓用米粉 ／ ○ ミズホチカラパン用米粉

材料（17×17×4cmのもの1枚分）

大根 … ⅓本（上部。300g）
小ねぎ … 1本
ベーコン … 1枚
桜えび（乾燥）… 2g
米粉 … 150g
片栗粉 … 10g
塩 … 小さじ½
ごま油 … 大さじ½
つけだれ
　しょうゆ … 大さじ½
　酢 … 大さじ½
　豆板醤 … 小さじ½

作り方

1. 大根はおろし器ですりおろし、小ねぎは薄い小口切りにする。ベーコンは2mm幅に切る。
2. ボウルに米粉と片栗粉を合わせて泡立て器でよく混ぜ、**1**、桜えび、塩を加えて粉けがなくなるまで混ぜる（**a**）。
3. 耐熱容器（約17×17cm）にラップを敷いて**2**を入れて広げ、ラップをふんわりとして電子レンジで表面が透き通るまで5〜6分加熱する（**b**）。ラップをはずして粗熱を取り、6等分に切る。
4. フライパンにごま油を中火で熱し、**3**を入れて両面をこんがりと焼き目がつくまで焼く。器に盛り、つけだれの材料を混ぜ合わせて添える。

a

b

トッポギ

● 米の粉 ／ ○ ミズホチカラ製菓用米粉 ／ ○ ミズホチカラパン用米粉

材料（2人分）

米粉 … 100g
塩 … 少々
水 … 80～90mℓ
さつま揚げ … 1枚(100g)
A コチュジャン … 大さじ2
しょうゆ … 大さじ½
おろしにんにく … 小さじ1
砂糖 … 小さじ1
いり白ごま … 小さじ1
ごま油 … 適量

作り方

1. さつま揚げは7㎜幅に切る。
2. ボウルに米粉と塩を入れてよく混ぜ、分量の水を2回に分けて加え、その都度ゴムべらでよく混ぜる。粉けがなくなったら、手にごま油を薄く塗りながら、なめらかになるまでこね、3等分する。
3. クッキングシートにごま油を薄く塗り、生地を置いてそれぞれ25㎝ほどの棒状に伸ばし(**a**)、5等分に切る。
4. フライパンにごま油小さじ1を中火で熱し、**1**を炒め、**A**を加えてからめる。
5. 鍋に湯をたっぷり沸かし、**3**をゆでる(**b**)。浮き上がってきたらざるに上げて水けをきり、**4**に加えて中火でさっと炒め合わせる。

a

b

自家製韓国もちトックで
人気の屋台メニューを。

餃子の皮

● 米の粉 ／ ○ ミズホチカラ製菓用米粉 ／ ○ ミズホチカラパン用米粉

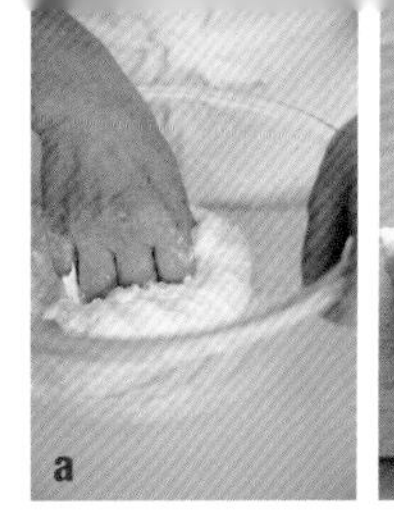

a

b

c

材料（10枚分）

A
- 米粉 … 50g
- 片栗粉 … 30g
- 塩 … 少々

熱湯 … 70〜80mℓ
サラダ油 … 小さじ1
打ち粉（米粉）… 少量

作り方

1. ボウルに**A**を入れ、泡立て器でよく混ぜる。
2. 熱湯にサラダ油を混ぜ、**1**に2回に分けて加え、その都度ゴムべらでよく混ぜる。手でさわれる温度になったら、手にサラダ油（分量外）を薄く塗りながら、なめらかになるまでこねる（**a**）。
3. 生地を2等分にし、それぞれ長さ15cmの円柱状に伸ばし、5等分に切る（**b**）。
4. 作業台に打ち粉を少量ふり、**3**を置いてめん棒で直径12〜13cmの円形に伸ばす（**c**）。

焼き餃子

● 米の粉 ／ ○ ミズホチカラ製菓用米粉 ／ ○ ミズホチカラパン用米粉

材料（10個分）

餃子の皮（上記）… 10枚
肉だね
- 豚ひき肉（あれば粗びき）… 100g
- キャベツ … 1枚
- にら … 2本
- 米粉 … 大さじ1
- オイスターソース … 小さじ1
- おろししょうが … 小さじ½
- 塩、こしょう … 各少々

サラダ油 … 大さじ½
水 … 50mℓ
つけだれ
- しょうゆ … 大さじ1
- 酢 … 大さじ½
- ラー油 … 小さじ½〜1

作り方

1. 肉だねを作る。キャベツとにらはそれぞれ粗みじん切りにして合わせ、塩小さじ¼（分量外）をまぶして10分おき、水けをしっかり絞る。ボウルにすべての材料を入れてよくこね、10等分する。
2. 餃子の皮1枚に肉だね1個分をのせ、ひだを作りながら包む。
   memo 包む前の皮と包んだ後の餃子は、かたく絞ったぬれ布巾をかぶせて乾燥を防ぎます。
3. フライパンにサラダ油を強めの中火で熱し、**2**を並べ入れて分量の水を回しかけ、蓋をして弱火で5分焼く。蓋をはずし、強火にして水分をとばすように焼く。
4. 器に盛り、つけだれの材料を混ぜ合わせて添える。

水餃子

● 米の粉 ／ ○ ミズホチカラ製菓用米粉 ／ ○ ミズホチカラパン用米粉

材料（10個分）

餃子の皮（上記）… 10枚
肉だね
- 豚ひき肉（あれば粗びき）… 100g
- 春菊 … ⅓束（60g）
- 長ねぎ … ¼本
- 桜えび（乾燥）… 1g
- 米粉 … 大さじ1
- 鶏がらスープの素（粉末）… 小さじ1
- おろししょうが … 小さじ½

香菜 … 適量
つけだれ
- しょうゆ … 大さじ1
- 豆板醤 … 小さじ1
- 酢 … 大さじ½
- おろしにんにく … 小さじ¼

作り方

1. 肉だねを作る。春菊、長ねぎはそれぞれ粗みじん切りにして合わせ、塩小さじ¼（分量外）をまぶして10分おき、水けをしっかり絞る。ボウルにすべての材料を入れてよくこね、10等分する。
2. 焼き餃子と同様に包む。
3. 鍋に湯をぐらぐらと沸かし、**2**を入れて浮いてくるまで10分ほどゆでる。引き上げて水けをきる。
4. 器に盛り、香菜をざく切りにしてのせる。つけだれの材料を混ぜ合わせて添える。

焼き目パリパリゆでればつるん。
ほんのり甘くてもっちもち。

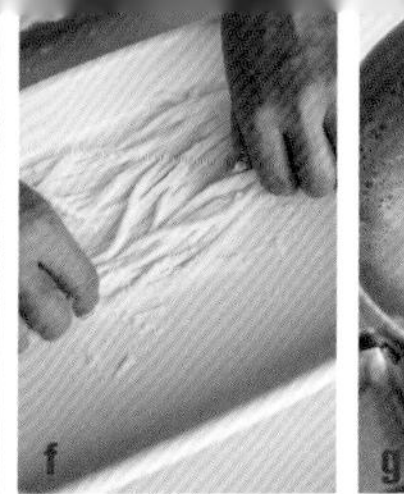

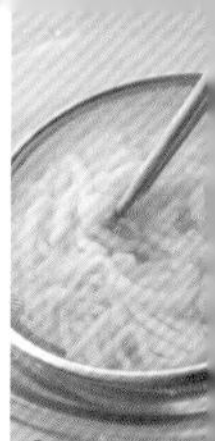

米粉うどん

● 米の粉 ／ ○ ミズホチカラ製菓用米粉 ／ ○ ミズホチカラパン用米粉

材料（1人分）

A
- 米粉…100g
- 片栗粉…35g
- 塩…小さじ¼

熱湯…110～120mℓ
太白ごま油…小さじ1
打ち粉（米粉）…適量

作り方

1 ボウルに**A**を入れ、泡立て器でよく混ぜる。

2 熱湯に太白ごま油を混ぜ、**1**に2回に分けて加え、ゴムべらでよく混ぜる。手でさわれる温度になったら、手に太白ごま油（分量外）を薄く塗りながら、なめらかになるまでこね、ひとつに丸める（**a**）。

3 作業台に打ち粉を少量ふって**2**を置き、表面にも打ち粉を薄くふり、めん棒で2～3㎜厚さで約30×20㎝の長方形に伸ばす（**b**、**c**）。
memo 生地が作業台にくっつかないように、途中で少し持ち上げて作業台との間に空気を入れます（**d**）。

4 **3**を長めの包丁で5㎜幅に切る（**e**）。生地1枚を7～8回に分けて切り、1回切るたびにバットへ移し、打ち粉をふって切り口にまぶす（**f**）。
memo 生地に対して包丁を垂直におろして押し切る。

5 鍋に湯をたっぷり沸かし、**4**を入れて浮いてくるまで1分～1分30秒ゆでる（**g**）。
memo 麺が鍋底にくっつかないように、静かに混ぜながらゆでます。混ぜすぎるとプツプツ切れてしまうので注意。

6 ざるに上げて水けをきり、そのまま冷水にサッと浸けて水けをきる（**h**）。
memo ゆで上がった米粉の麺は切れやすいので、冷水にさらして生地をしめます。

ぶっかけうどん

● 米の粉 ／ ○ ミズホチカラ製菓用米粉 ／ ○ ミズホチカラパン用米粉

材料（2人分）

米粉うどん（左記）…2人分
温泉卵…2個
削り節…適量
小ねぎの小口切り…3本分

めんつゆ
- 水…50mℓ
- 削り節…3g
- しょうゆ…大さじ1½
- みりん…大さじ1
- 塩…小さじ¼

作り方

1 めんつゆの材料を耐熱ボウルに入れてよく混ぜ、ラップなしで電子レンジで3分加熱し、こし器でこす。

2 冷水でしめた米粉うどんを器に盛り、温泉卵、削り節、小ねぎをのせて**1**をかける。

米粉ならではのつるつる生麺。プツプツと切れやすいので、扱いはやさしく。

米粉麺は、ベトナムやタイなど
アジアンヌードルに大活躍。

牛肉のフォー

● 米の粉 ／ ○ ミズホチカラ製菓用米粉 ／ ○ ミズホチカラパン用米粉

材料（2人分）

米粉うどん（P.082）… 2人分
牛肉（しゃぶしゃぶ用）… 6枚
めんつゆ
- だし … 500mℓ
- 鶏がらスープの素（粉末）… 小さじ1
- ナンプラー … 大さじ1
- おろしにんにく … 小さじ1
- こしょう … 少々

薬味
- 香菜 … 適量
- みょうが … 1本
- しょうが … ½かけ

レモンのくし切り … 2切れ

作り方

1. 薬味を準備する。香菜はざく切りにし、みょうがはせん切りにする。しょうがは皮をむいて繊維に沿って薄切りにし、さらにごく細く切って水にさらして針しょうがにする。
2. 鍋にめんつゆの材料を入れて中火にかけ、煮立ったら牛肉をさっとくぐらせる。つゆを再び煮立たせ、浮いたアクを取り除く。
3. 冷水でしめた米粉うどんを**2**のめんつゆに加え、温まったら器に盛り、牛肉、薬味をのせ、レモンを添える。

COLUMN 米粉麺をもっと楽しもう！

中国のビーフンやタイのクェイティアオ、ベトナムのフォー、ブンなど、米作りが盛んな地域で日常的に食べられている米粉の麺。東南アジアを中心とした料理、いわゆるエスニック料理が定着した日本でも市民権を得て、スーパーなどで手軽に入手できるようになっています。さらに、グルテンフリー食品であり、小麦粉の麺に比べて低カロリー、低脂肪であることから、健康面でも注目されています。
近年は日本独時の米粉麺が登場し、そのバリエーションも増えています。くせがなく、和洋中問わずどんな食材や味つけとも相性がよいので、さまざまなメニューへの応用が可能。そのおいしさをもっと身近で楽しんでみてはいかがでしょう。

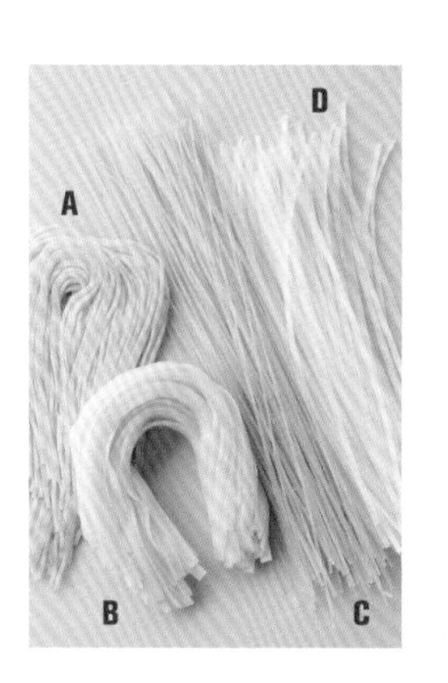

A 米粉ラーメン／生麺タイプのラーメン用米粉麺。
B 米粉パスタ／宮城県産コシヒカリ使用の平打ちパスタ。
C ライスパスタ／玄米入り米100%のパスタ麺。
D 半生米粉うどん／秋田県産あきたこまち使用の米麺。

米粉とじゃがいもで作る、やわらかくてもっちもちのニョッキ。

ニョッキ

● 米の粉 ／ ○ ミズホチカラ製菓用米粉 ／ ○ ミズホチカラパン用米粉

材料（2人分）

じゃがいも … 250g
米粉 … 100g
溶き卵 … 25〜35g
塩 … 小さじ½
トマトソース
　トマト水煮（缶詰）
　　… 1缶（400g）
　玉ねぎ … ½個
　にんにく … 2かけ
　赤唐辛子 … ½本
　ドライバジル
　　… 小さじ⅓
　塩 … 小さじ1
　オリーブ油 … 50mℓ
バジルの葉 … 適量

作り方

1 トマトソースを作る。玉ねぎは繊維に沿って薄切りにし、にんにくは芽があれば取り除き、薄切りにする。鍋にオリーブ油、にんにく、赤唐辛子を入れて中火にかけ、香りが立ったら玉ねぎを加えて炒める。しんなりしたらトマト水煮、ドライバジル、塩を加え、⅔量くらいになるまで煮詰める（**a**）。

memo トマトソースは冷凍可。

2 じゃがいもは皮つきのまま1個ずつラップで包み、電子レンジで3分加熱する。裏返してさらに1分加熱し、そのまま2分おいてから皮をむき、熱いうちにマッシャーなどでつぶす。

3 **2**に米粉、溶き卵、塩を加え、ゴムべらでよく混ぜる。手でさわれる温度になったら、手でなめらかになるまでこねる。

4 **3**を15gずつ取り分けて丸め、フォークの背で真ん中を押して形を作り（**b**）、米粉（分量外）を薄くまぶす。

5 鍋に湯をたっぷり沸かし、**4**をゆでる。浮き上がってきたらざるに上げて水けをきり、**1**に加えてしっかりからめる。

6 器に盛り、バジルを散らす。

a

b

すいとん

もちもちなのに重くない米粉のすいとん。
朝ごはんや夜食にぴったり。

● 米の粉 ／ ○ ミズホチカラ製菓用米粉 ／ ○ ミズホチカラパン用米粉

材料(2人分)

生地
- 米粉…50g
- 片栗粉…15g
- 塩…少々
- 熱湯…50〜60mℓ

豚ばら薄切り肉…100g
大根…100g
にんじん…30g
まいたけ…½パック
だし…500mℓ
みそ…大さじ2
ごま油…小さじ1
粉山椒…少々

作り方

1. 生地を作る。ボウルに米粉、片栗粉、塩を入れて泡立て器でよく混ぜ、熱湯を加えてゴムべらで混ぜる。手でさわれる温度になったら、手でなめらかになるまでこねる(**a**)。
2. 豚肉は4cm幅に切る。大根はいちょう切りにし、にんじんは半月切りにする。まいたけは石づきを切り落としてほぐす。
3. 鍋にごま油を中火で熱して豚肉を炒め、鍋中の油をキッチンペーパーでふき取る。
4. **3**の鍋に野菜類を入れて中火で炒め、だしを加える。煮立ったら弱火にし、**1**をひと口大にちぎり、手で軽くひっぱって薄く伸ばして加える(**b**)。再び煮立ったらみそを加えてひと混ぜし、器に盛り、粉山椒をふる。

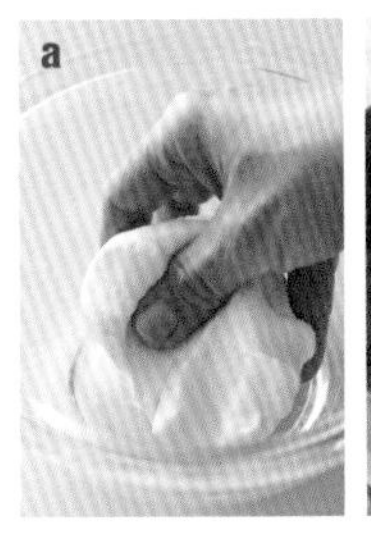
a

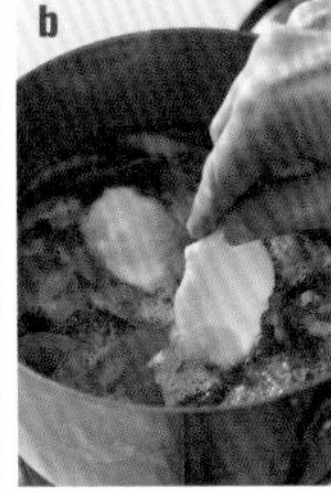
b

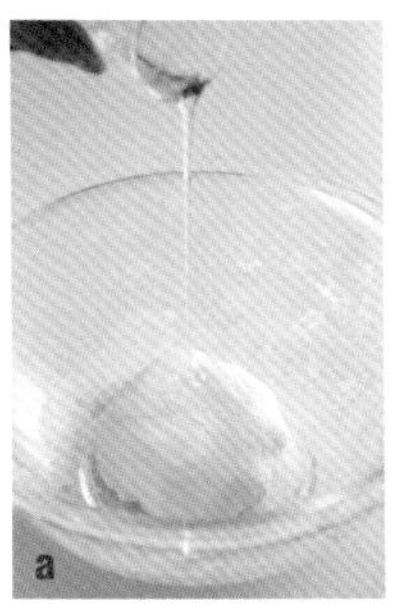
a

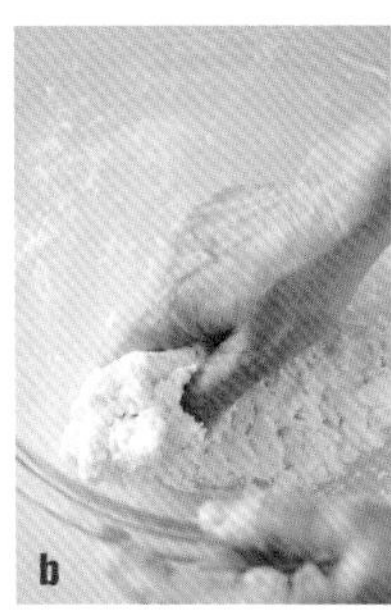
b

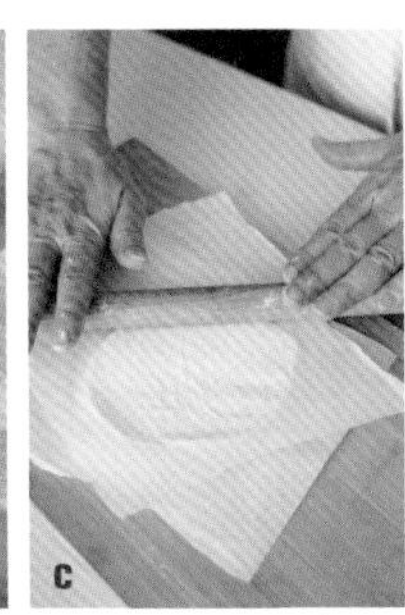
c

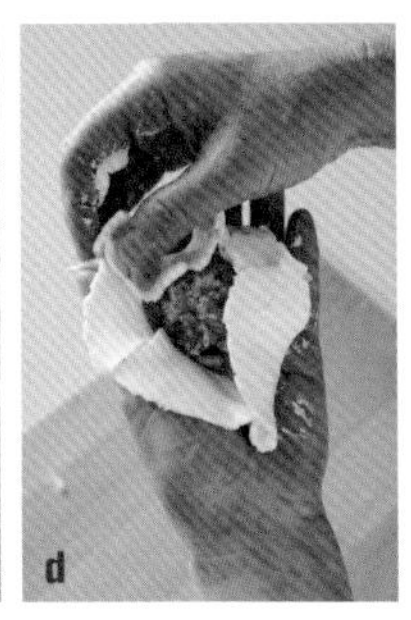
d

肉まん

もっちりむっちりして食べ応えあり。冷めてかたくなったら蒸し直すと、もちもち感が戻っておいしく食べられます。

○ 米の粉 ／ ○ ミズホチカラ製菓用米粉 ／ ● ミズホチカラパン用米粉

材料（2人分）

生地

- A
  - 米粉…150g
  - 片栗粉…15g
  - 砂糖…10g
  - ベーキングパウダー…6g
  - 塩…2g
- 水…100～110mℓ
- 太白ごま油…15g

肉だね

- 豚ひき肉…100g
- 長ねぎ…¼本
- 生しいたけ…1枚
- オイスターソース…大さじ1
- 米粉…大さじ½
- おろししょうが…小さじ½
- 鶏がらスープの素（粉末）…小さじ½

からしじょうゆ

- 練りがらし、しょうゆ…各適量

作り方

1. 生地を作る。ボウルにAを合わせて泡立て器でよく混ぜる。分量の水を2回に分けて加え、その都度ゴムべらで混ぜる。粉っぽさがなくなったら太白ごま油を加え（a）、手でこねる（b）。なめらかになったら4等分し、それぞれを丸める。
2. 肉だねを作る。長ねぎは5㎜幅の小口切りにし、しいたけは石づきを切り落として薄切りにする。ボウルにすべての材料を入れ、手で粘りが出るまで練り混ぜ、4等分する。
3. 1の生地をそれぞれ20～25㎝四方に切った2枚のクッキングシートではさみ、めん棒で直径15㎝くらいの円形にのばす（c）。
4. 3に2の具をのせ、生地を寄せながら包む（d、e）。10㎝四方に切ったクッキングシートの上にのせ、耐熱の器に置く。
5. フライパンにキッチンペーパーを4つ折りにして置き、その上に4をのせて水を深さ2㎝ほど注ぎ入れる（f）。蓋をして強めの中火にかけ、蒸気がしっかり上がったら弱めの中火にして15分蒸す。途中で水が少なくなったら適宜足す。
6. 5を器に盛り、からしじょうゆの材料を混ぜ合わせて添える。

トルティーヤ

● 米の粉 ／ ○ ミズホチカラ製菓用米粉 ／ ○ ミズホチカラパン用米粉

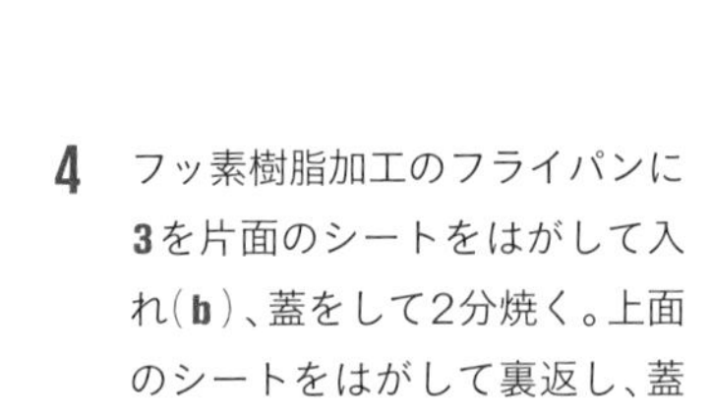

a b

材料（2人分）

トルティーヤ

- **A**
  - 米粉…100g
  - 片栗粉…5g
  - ベーキングパウダー…3g
  - 塩…1g
- 水…70〜80mℓ
- オリーブ油…小さじ2

スパイシーミート

- 合いびき肉…200g
- セロリのみじん切り…½本分
- パプリカパウダー…大さじ½
- チリパウダー…小さじ1
- 米粉…小さじ1
- おろしにんにく…小さじ½
- おろししょうが…小さじ½
- 塩…小さじ½
- 粗びき黒こしょう…少々
- オリーブ油…適量

B サニーレタス、トマトの薄切り、きゅうりの斜め薄切り…各適量

作り方

1 トルティーヤを作る。ボウルに**A**を合わせて泡立て器でよく混ぜ、分量の水を2回に分けて加え、その都度ゴムべらでよく混ぜる。粉っぽさがなくなったら、オリーブ油を加えてゴムべらでねる。なめらかになったら2等分し、それぞれを丸める。

2 約30×25cmのクッキングシートを4枚用意する。

3 **1**の一方を2枚のクッキングシートではさみ、めん棒で直径20cmの円形にのばす（**a**）。のばした生地はシートにはさんだままにしておく。残りの生地も同様にのばす。

4 フッ素樹脂加工のフライパンに**3**を片面のシートをはがして入れ（**b**）、蓋をして2分焼く。上面のシートをはがして裏返し、蓋をしてさらに1分30秒焼く。

memo 焼き上がったトルティーヤは乾きやすいので、使うまでラップで包んでおきます。

5 スパイシーミートを作る。耐熱ボウルにすべての材料を入れ、菜箸4本を使ってほぐすように混ぜる。ラップなしで電子レンジで10分加熱し、取り出して全体をよく混ぜる。

6 トルティーヤの表面にオリーブ油を薄く塗り、**B**と**5**のスパイシーミートをのせて包む。

メキシコ発の薄焼きパンを米粉で。
焼き立てに具材を包んでどうぞ。

CHAPTER 3

米粉でパン！

焼き立ての米粉食パンはもっちりしっとり。
お米の自然の甘みが口の中にふんわり広がります。
外はカリッとして香ばしく、中はもちふわ食感。

米粉食パン

○ 米の粉 ／ ○ ミズホチカラ製菓用米粉 ／ ● ミズホチカラパン用米粉

材料（18×8×6cmパウンド型1台分）

米粉…200g
A ぬるま湯(35℃)…160mℓ
ドライイースト…3g
砂糖…8g
塩…3g
太白ごま油…10g

下準備

- パウンド型にクッキングシートを敷き込む(P.095)。
- クッキングシートをパウンド型の上部よりひと回り大きく切る。
- **A**のぬるま湯にドライイーストを加えてよく混ぜ、なじんだら砂糖を加えて混ぜる(**a**)。

作り方

1. ボウルに米粉を入れ、**A**を2回に分けて加え、その都度ゴムべらでさっくり混ぜる(**b**)。
2. 粉けが残る状態で水っぽさがなくなったら塩、太白ごま油を加え(**c**)、なめらかになるまで混ぜる(**d**)。
   memo 米粉の種類や湿度によって水分量が若干変わってくるので、生地の状態を見てぬるま湯10mℓ(分量外)で調整します。水分量の目安は、生地にツヤが出て、すくったときにとろとろと流れ落ちて跡が残るくらいのなめらかさ(**e**)。
3. 生地を少し高い位置から型の中央に流し入れる(**f**)。
4. オーブンを180℃に設定して1分温め、スイッチを切る。天板に**3**をのせてオーブンの下段に入れ、大きめの耐熱容器(バットなど)に熱湯をたっぷり入れて天板の下の空間に置く(**g**)。扉を閉め、20～30分おいて発酵させる。
   memo 天板の下に空間がない場合は、天板の空きスペースに熱湯を入れた耐熱容器を置きます(**h**)。

P.094へ →

5 生地が型の縁から1.5cmほど低い位置までふくらんだら発酵完了(**i**)。天板ごと取り出し、熱湯を入れた耐熱容器は置いたまま、オーブンを180℃に予熱する。

memo 20分経ったところで生地の状態を確認し、十分に発酵していたら取り出します。足りなければさらに10分おきます。天板に置いた熱湯を入れた容器は、オーブン内に入れておき、焼成時に再び天板にのせます。

6 **5**の上部に用意したクッキングシートをのせ、型より大きいホーローバットをかぶせ(**j**)、180℃に予熱したオーブンに入れて15分焼く。

memo バットがない場合は、クッキングシートの上からアルミホイルをかぶせます(**k**)。

7 オーブンからいったん取り出してバットとクッキングシートをはずし、焼成温度を200℃に上げてさらに12〜13分焼く(**l**)。

8 焼き上がったら型からはずし、網の上で冷ます(**m**)。粗熱が取れてからクッキングシートをはがす。

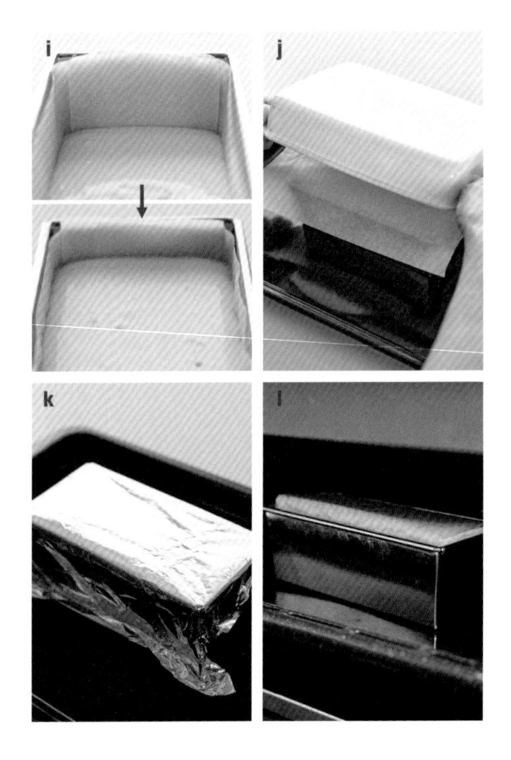

COLUMN 米粉食パンのレシピ補足

型紙の敷き方

本書では、パン専用の米粉「ミズホチカラパン用米粉」(P.009)を使用した食パンを、ブリキ製のパウンド型(18×8×高さ6㎝)で作ります。使用する前には、以下のようにして型紙を敷き込みます。

1 クッキングシートを型の外側の底、側面に沿わせ、高さに合わせたサイズの長方形に切る。
2 型をシートの中央に置き、底面、高さに合わせて折り目をつける。
3 シートを折り目でしっかり折り込み、四隅の角の部分に切り目を入れる。
4 3を型に入れ、切り目の左右のシートを内側に折り込み、型に合わせて敷き込む。

米粉食パンの保存方法

ご飯やおもちを放置するとカピカピになるように、米粉のパンも乾燥しやすく、時間が経つとかたくなります。焼き立てをすぐに食べないときは、粗熱が取れてからスライスし、ほんのり温かいうちに1枚ずつラップで包み、保存袋に入れて冷凍庫へ。1日程度であれば冷蔵庫保存もOKですが、それ以上になるとでんぷん質が劣化してかたくなってしまうので、おすすめは冷凍保存です。1か月を目安に食べきってください。冷凍したパンはラップをしたまま冷蔵庫で自然解凍、あるいは電子レンジで15〜20秒ほど加熱して解凍します。表面を霧吹きなどで湿らせてオーブントースターで焼けばカリッサクッとした食感に。ちょっと手間はかかりますが、蒸し器で温め直すとふわふわもちっとした食感が楽しめます。

余った米粉食パンの活用法

食べきれずにかたくなってしまった米粉食パンは、こんな風に活用できます。

米粉食パンをひと口大にしてフードプロセッサーで細かくなるまで攪拌、または、おろし器ですりおろしてパン粉にリメイク。吸油率の低い米粉パン粉で、サクサクヘルシーな揚げ物が楽しめます。冷凍保存可能。1か月を目安に使い切りましょう。

ドライになった米粉食パンは、ラスク作りに最適。5㎜厚さほどにスライスし、表面に溶かしバターを塗って砂糖をパラパラとふり、160℃のオーブンで7〜10分焼けばでき上がり。せんべいのような香ばしさも米粉ラスクの魅力です。

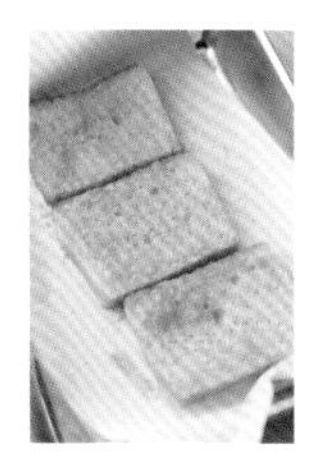

米粉食パン作りの注意点

米粉食パンがおいしく作れない原因のひとつに過発酵があります。グルテンを形成しない米粉は、発酵時に発生したガスが外に逃げやすいため、小麦粉のパンに比べるとふくらみにくくなっています。そのため、ふくらむのを待って長時間発酵させてしまうと過発酵になり、焼成時にガスが抜けて、きめが粗く重い食感の焼き上がりになってしまいます。小麦粉の生地は2倍ほどにふくらみますが、米粉の生地は1.5倍くらいになればOK。型の8分目程度にふくらんだ状態が適切な発酵具合の目安。10分目に達していたら過発酵です。レシピには発酵時間の目安を記載していますが、季節や室温で変化するので、発酵時はこまめに生地の状態を確認しましょう。

(A)適切な発酵具合で焼き上げたパン。きめが細かくふわふわ。(B)過発酵の生地を焼いたパン。きめが粗く、ベタベタとした重い食感。

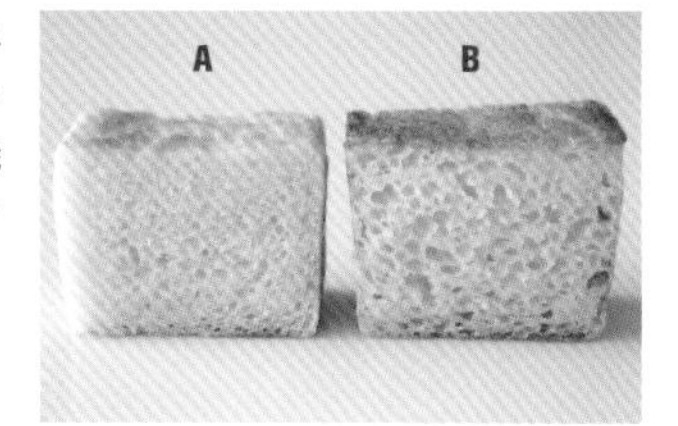

右写真は発酵させ過ぎた生地(過発酵)。表面にぷつぷつと穴が開き、キメの粗さがわかる。

チーズとハムのホットサンド

材料（1人分）

米粉食パン(P.092／1cm厚さ) … 2枚
バター … 適量
ハム … 1枚
ピザ用チーズ … 大さじ2
パセリの葉 … 適宜

チーズがとろりとあふれる、
クロックムッシュ風ホットサンド。

作り方

1. 米粉食パン1枚の片面にバターを塗り、ハムを2つ折りにしてのせ、その上にチーズ大さじ1をのせ、残りの食パンを重ねる。
2. フライパンを中火で熱して**1**を入れ、蓋をして1分焼く。焼き色がついたら裏返して上面に残りのチーズをのせ、蓋をしてさらに1分焼く。
3. 器に盛り、好みでパセリをのせる。

マヨしらすトースト

材料（1人分）

米粉食パン(P.092／1.5cm厚さ) … 1枚
A しらす干し … 大さじ1
　小ねぎの小口切り … 1本分
　ごま油 … 小さじ½
マヨネーズ、バター … 各適量

米粉パンはご飯の供と
合わせれば間違いなし！

作り方

1. **A**を合わせてよく混ぜる。
2. 米粉食パンの片面にバターを塗り、**1**をのせてマヨネーズを好みの量かけ、トースターで焼き目がつくまで焼く。

あんバタートースト

材料（1人分）

食パン（P.092／1.5cm厚さ）… 1枚
粒あん（市販品）… 30g
バター … 5g

作り方

1. バターは薄切りを1枚切り出し、冷蔵庫で冷やす。
2. 米粉食パンの片面にバター（分量外）を塗り、トースターで焼き目がつくまで焼く。
3. **2**に粒あんを塗り、よく冷えた**1**のバターをのせる。

和菓子の王道、
米粉とあんこの組み合わせ。

フレンチトースト

材料（1人分）

食パン（P.092／1cm厚さ）… 2枚
A 卵黄 … 1個
牛乳 … 大さじ2
砂糖 … 小さじ1
バター … 10g
メープルシロップ … 適量

作り方

1. ボウルに**A**を入れてよく混ぜ、バットに移して米粉食パンを15分以上浸す。途中で裏返す。
2. フライパンにバターを熱して**1**を入れ、蓋をして弱めの中火で両面を1分30秒ずつ焼く。
3. 器に盛り、メープルシロップをかける。

バターの香りをしっかり
効かせておいしさ度アップ。

干しいもと黒ごまの米粉パン

○ 米の粉 ／ ○ ミズホチカラ製菓用米粉 ／ ● ミズホチカラパン用米粉

材料（2人分）

米粉 … 200g

A
- ぬるま湯（35℃）… 160mℓ
- ドライイースト … 3g
- 砂糖 … 8g

塩 … 3g

太白ごま油 … 10g

干しいも … 50g

黒いりごま … 10g

下準備

- P.092「米粉食パン」と同様に下準備をする。
- 干しいもは1cm角に切り、ごく少量の米粉（分量外）をまぶす（**a**）。

作り方

1. P.092「米粉食パン」**1**～**2**と同様に生地を作る。混ぜ終わりに干しいも、黒ごまを加えて混ぜ込む。
2. 生地を少し高い位置から型の中央に流し入れ、竹串で全体をくるくると混ぜて具材の入り方を均等にする（**b**）。
3. 「米粉食パン」**4**～**8**と同様に焼き、冷ます。

a

b

米粉パンのシンプルな味わいが
具材の風味を引き立てます。

フライパンパン

○ 米の粉 ／ ○ ミズホチカラ製菓用米粉 ／ ● ミズホチカラパン用米粉

材料（直径18cmのもの1枚分）

米粉…200g
A ぬるま湯(35℃)…160mℓ
 ドライイースト…3g
 砂糖…8g
塩…3g
太白ごま油…10g

下準備

- クッキングシートをフライパン(直径18cm)の底面よりふた回りほど大きい円形に切る。
- Aのぬるま湯にドライイーストを加えてよく混ぜ、なじんだら砂糖を加えて混ぜる。

作り方

1. P.092「米粉食パン」1〜2と同様に生地を作る。
2. フライパンにクッキングシートを敷き込み、1を少し高い位置からフライパンの中央に流し入れる。
3. 蓋をして中火に20秒かけて火を止め、そのまま20〜30分おいて発酵させる。生地が1.5倍ほどにふくらんだら発酵完了(a)。
4. 蓋をしたまま弱めの中火にかけ、焼き色がつくまで10分ほど焼く。シートごと蓋の上にいったん取り出し(b)、フライパンをかぶせて蓋ごと返してフライパンに戻す。上面のクッキングシートをはがし(c)、蓋をして弱めの中火で5分焼く。

a

b

c

発酵から焼きまで
フライパンにお任せ！

じゃがいもで、ふんわりもちもち感がアップ。

フォカッチャ

─

○ 米の粉 ／ ○ ミズホチカラ製菓用米粉 ／ ● ミズホチカラパン用米粉

材料（直径18㎝のもの1枚分）

米粉 … 200g

A
- ぬるま湯(35℃) … 160㎖
- ドライイースト … 3g
- 砂糖 … 8g

塩 … 3g
オリーブ油 … 10g
じゃがいも … 200g
ローズマリーの葉 … 1枚分
岩塩 … 適量

下準備

- クッキングシートをフライパン(直径18㎝)の底面よりふた回りほど大きい円形に切る。
- Aのぬるま湯にドライイーストを加えてよく混ぜ、なじんだら砂糖を加えて混ぜる。

作り方

1. じゃがいもは皮つきのまま1個ずつラップで包み、電子レンジで3分加熱する。裏返してさらに2分加熱し、そのまま冷ます。粗熱が取れたら皮をむき、1.5㎝角に切る。
2. P.099「フライパンパン」1と同様に生地を作る。ただし、太白ごま油をオリーブ油に替えて加える。さらに、混ぜ終わりにじゃがいもを加え、崩さないように混ぜる。
3. 「フライパンパン」2〜3と同様にフライパン(直径18㎝)に生地を流し入れ、発酵させる(a)。発酵が完了したら生地の上面にローズマリーを散らし、岩塩をふる(b)。
4. 「フライパンパン」4と同様に焼く。
5. フライパンごと返して器に盛り、熱いうちにオリーブ油(分量外)をたっぷりかけて生地にしみ込ませ(c)、食べやすい大きさに切り分ける。

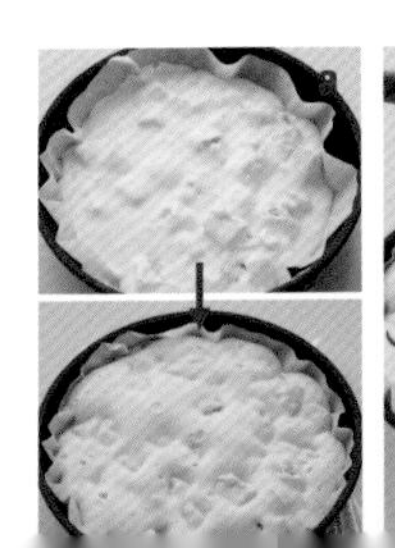
a

b

c

おこげのような香ばしさがたまらない。

ナン

○ 米の粉 ／ ○ ミズホチカラ製菓用米粉 ／ ● ミズホチカラパン用米粉

材料（2人分）

米粉…200g

A
- ぬるま湯（35℃）…160mℓ
- ドライイースト…3g
- 砂糖…8g

塩…3g

太白ごま油…10g

バター…適量

下準備

- 30×30cmのクッキングシートを1枚用意し、斜め半分に切る。これをフライパン（直径26cm）に立ち上がりを作って敷き込む（**a**）。
- **A**のぬるま湯にドライイーストを加えてよく混ぜ、なじんだら砂糖を加えて混ぜる。

作り方

1. P.099「フライパンパン」**1**と同様に生地を作る。
2. フライパンに敷き込んだクッキングシートに生地を半量ずつ少し高い位置から流し入れ、ゴムべらで形を整える（**b**）。
3. 「フライパンパン」**3**と同様に発酵させる。
4. 「フライパンパン」**4**と同様に焼く。ただし、片面が焼けて裏返す際は、1枚ずつシートの端を持って返す（**c**）。
5. 両面がこんがりと焼けたら、表面にバターを塗る。

memo 冷めるとかたくなるので、焼き立てを味わってください。

a

b

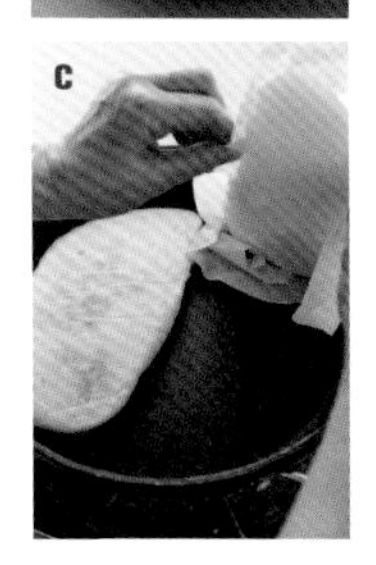
c

米粉に強力粉を加えた、
もっちりと弾力のあるコッペパン。
お好みの具材をはさんで、お弁当、おやつにどうぞ。

コッペパン

○ 米の粉 ／ ○ ミズホチカラ製菓用米粉 ／ ● ミズホチカラパン用米粉

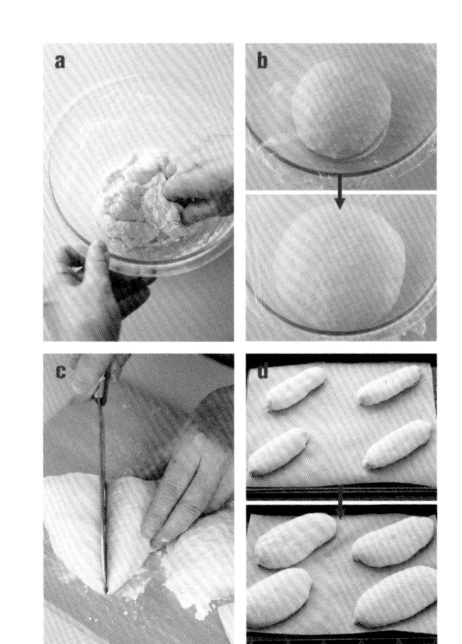

材料（4本分）

強力粉 … 140g
米粉 … 60g
A | ぬるま湯(35℃) … 90mℓ
ドライイースト … 4g
砂糖 … 20g
温めた牛乳(35℃) … 40mℓ
塩 … 4g
バター … 16g

下準備

- ボウルに強力粉と米粉を入れ、泡立て器でよく混ぜる。
- **A**のぬるま湯にドライイーストを加えてよく混ぜ、なじんだら砂糖を加えて混ぜる。
- 天板にクッキングシートを敷く。

作り方

1. 粉類を合わせたボウルに**A**を2回に分けて加え、その都度ゴムべらで混ぜる。全体がなじんだら牛乳を加えてムラなく混ぜ、さらに塩を加えてよく混ぜる。
   memo 乳製品の牛乳は、イーストに直接合わせると膜をはってしまうことがあるため、後から加えます。
2. **1**にバターを加え、手で2～3分こねる(**a**)。生地が手にくっつかなくなったらひとつにまとめてラップをぴっちりとかぶせ、温かい場所に30～40分おいて発酵させる。生地が1.5～2倍になったら発酵完了(**b**)。
   memo 強力粉のグルテンが米粉を加えることで弱まるので、過発酵に注意してください。
3. 生地を包丁で十文字に切って4分割し(**d**)、それぞれコッペパンの形に成形する(下記)。
4. 天板に**3**を間隔を空けて並べ、P.092「米粉食パン」**4**と同様に発酵させる。生地が1.5倍くらいにふくらんだら2次発酵完了(**c**)。天板ごと取り出し、熱湯を入れた耐熱容器もはずし、オーブンを180℃に予熱する。
5. 180℃のオーブンに生地をのせた天板を入れ、15分焼く。焼き上がったら網の上で粗熱を取る。

◎ コッペパンの成形

1. 分割した生地の切り口を上にして置き、指先で空気を抜くように押して平らにしながら直径10cmくらいの円形に伸ばす(**a**)。
   memo 作業していない生地は、乾燥しないようにかたく絞ったぬれ布巾をかけておきます。
2. 生地の上下を中央で1cmほど重なるように折り、生地が重なった部分を上から押さえてしっかりくっつける(**b**)。
3. **2**の生地を上下から半分に折るように持ち上げる(**c**)。
4. 上下の生地の縁を指でつまんでしっかりとじる(**d**)。
   memo とじ方が弱いと2次発酵や焼成で生地が膨らんだときにはがれてしまう。
5. とじ目を下にして置き、生地の両端をつまんでしっかりとじ、軽く転がして形を整える(**e**)。
   memo 型を使わないので、時間が経つと少し横に広がった形になります。

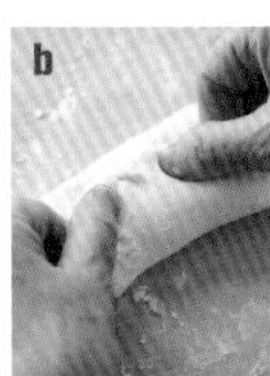

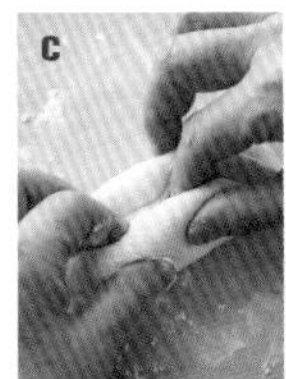

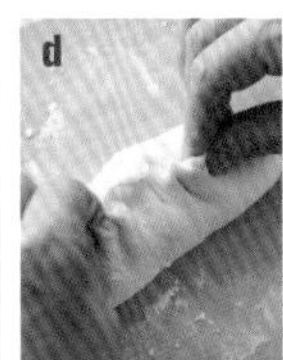

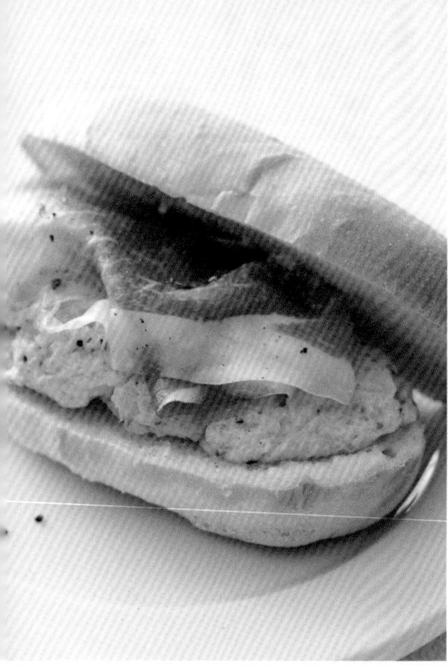

どこか懐かしい味わいと細長い形は、どんな具材も受け止めてくれます。

オムレツサンド

材料（1人分）

コッペパン(P.102) … 1本

A
- 卵 … 1個
- マヨネーズ … 大さじ1
- 粗びき黒こしょう … 適量

からしバター
- バター（常温に戻す） … 10g
- 練りがらし … 小さじ⅓

生ハム … 1枚

オリーブ油 … 大さじ½

作り方

1. ボウルに**A**を入れてよく溶き混ぜる。
2. 小さめのフライパン（直径15㎝くらい）にオリーブ油を強めの中火で熱し、**1**を流し入れてゴムべらで大きく混ぜながら火を通す。半熟状になったら奥に寄せ、オムレツの形に整えて火を止める。
3. からしバターの材料を混ぜる。
4. コッペパンは厚みの半分に切り目を入れ、内側に**3**を塗り、**2**、生ハムをはさむ。

北京ダック風サンド

材料（1人分）

コッペパン(P.102) … 1本

鶏肉のパリパリ焼き(P.014) … ½枚

A
- オイスターソース … 小さじ1
- 甜面醤（テンメンジャン） … 小さじ1
- はちみつ … 少々

バター … 適量

レタス … 1枚

香菜 … 適量

白髪ねぎ … 少々

作り方

1. 鶏肉はそぎ切りにする。
2. **A**を合わせてよく混ぜる。
3. コッペパンは厚みの半分に切り目を入れ、内側にバターを塗る。
4. **3**にレタス、**1**を重ねて**2**をかけ、香菜、白髪ねぎをのせてはさむ。

チョコバナナクリームパン

材料（1人分）

コッペパン(P.102) … 1本

バナナ … ⅓本

板チョコレート（ミルク） … ½枚(25g)

A
- 生クリーム（乳脂肪分40%以上） … 50mℓ
- 砂糖 … 小さじ½

バター … 適量

作り方

1. 生クリームに砂糖を加え、泡立て器でツノが立つ状態まで泡立てる。
2. バナナは7㎜幅の輪切りにする。チョコレートは小さく割り、耐熱ボウルに入れてラップなしで電子レンジで30秒加熱して溶かす。
3. コッペパンの上部に切り目を入れ、内側にバターと**1**を順に塗ってバナナをはさみ、チョコレートをかける。

ピッツァマルゲリータ

○ 米の粉 ／ ○ ミズホチカラ製菓用米粉 ／ ● ミズホチカラパン用米粉

材料（直径26cm1枚分）

米粉…200g

A ぬるま湯（35℃）…160mℓ
ドライイースト…3g
砂糖…8g

塩…3g

オリーブ油…5g

トマトソース（P.086）…100mℓ

モッツアレラチーズ…1個（100g）

バジルの葉…適量

下準備

- クッキングシートをフライパン（直径26cm）の底面よりふた回りほど大きい円形に切る。
- Aのぬるま湯にドライイーストを加えてよく混ぜ、なじんだら砂糖を加えて混ぜる。

作り方

1 モッツァレラチーズは7mm幅に切る。

2 P.099「フライパンパン」1と同様に生地を作る。ただし、太白ごま油をオリーブ油に替えて加える。

3 フライパン（直径26cm）にクッキングシートを敷き込み、2を少し高い位置からフライパンの中央に流し入れ、ゴムべらで平らに伸ばす。

4 蓋をして中火に30秒かけて火を止め、そのまま20～30分おいて発酵させる。生地が1.5倍ほどにふくらんだら発酵完了（a）。

5 「フライパンパン」4と同様に焼く。ただし、上面のクッキングシートをはがしたら、上面にオリーブ油（分量外）を薄く塗ってトマトソースを全体に広げ、1をのせる（b）。その後、蓋をして5分焼く。

6 器に盛り、バジルを散らす。

クリスピーでくせのない生地は、合わせる具材を引き立てます。

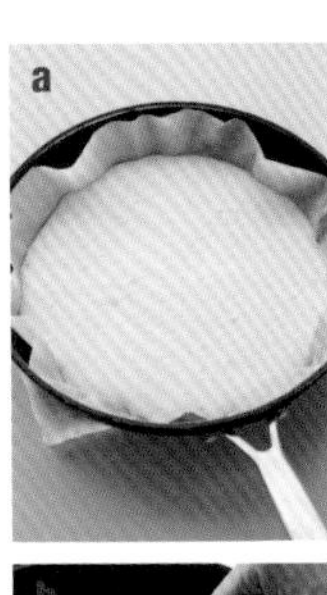
a

b

かぼちゃ入り黒糖蒸しパン

○ 米の粉 ／ ● ミズホチカラ製菓用米粉 ／ ○ ミズホチカラパン用米粉

材料（2人分）

かぼちゃ … 100g

A | 米粉 … 100g
ベーキングパウダー … 6g
黒糖 … 30g

水 … 80mℓ

塩 … 少々

太白ごま油 … 大さじ1

下準備

- 耐熱容器（ココット、プリンカップなど）を4個用意し、紙カップ（グラシンカップなど）を敷く。

作り方

1 ポリ袋に**A**を入れ、シャカシャカとふってよく混ぜる。

2 かぼちゃは皮をむいて1cm角に切る。

3 ボウルに**1**を入れて分量の水を2回に分けて加え、その都度ゴムべらでムラなく混ぜる。さらに塩、太白ごま油を加え、なめらかになるまで混ぜる。

4 **2**を加えてザックリと混ぜ、用意した容器4個に等分に入れる。

5 フライパンにキッチンペーパーを4つ折りにして置き、その上に耐熱の器をのせて**4**を並べ、水を深さ2cmほど注ぎ入れる（**a**）。蓋をして強火にかけ、蒸気が上がったら弱めの中火にして10〜12分蒸す。途中で水が少なくなったら適宜足す。竹串を刺して生の生地がついてこなければ蒸し上がり。

a

混ぜて蒸すだけの超簡単レシピ。

CHAPTER 4

米粉でお菓子！

ふるう必要がなくダマにもなりにくい米粉なら、
ふわふわもちもち、食べるとしっとりの
シフォンケーキが失敗なく簡単に作れます。

シフォンケーキ

○ 米の粉 ／ ● ミズホチカラ製菓用米粉 ／ ○ ミズホチカラパン用米粉

材料（17cmのシフォン型1台分）

卵黄…3個
グラニュー糖…30g
太白ごま油…大さじ2
牛乳…大さじ2
A｜バニラオイル…3滴
　｜レモンの皮（無農薬）…少々
米粉…70g
メレンゲ
｜卵白…4個
｜塩…少々
｜砂糖…40g

下準備

- 卵白は使う直前まで冷蔵庫で冷やす。
- オーブンを170℃に予熱する。

作り方

1 牛乳は耐熱容器に入れ、電子レンジで10秒ほど加熱して人肌くらいに温める。

2 ボウルに卵黄を入れて泡立て器で溶きほぐし、グラニュー糖を加えて白っぽくなるまですり混ぜる。

3 太白ごま油、温めた牛乳、A、米粉を順に加え、その都度よく混ぜる。

4 メレンゲを作る。別のボウルに卵白を入れてハンドミキサーで溶きほぐし、卵白のコシが切れたら塩を加え、さらに泡立てる。全体が白っぽくなり、ふわっとしてきたらグラニュー糖の半量を加え、全体がもったりするまで泡立てる。残りのグラニュー糖を加え、ツノが立つ状態まで泡立てて（a）、かたくてつやのあるメレンゲにする。

5 4の¼量を泡立て器ですくい取って3に加え、しっかり混ぜる（b）。

6 4のボウルのメレンゲをすくったところに5を流し入れ、ゴムべらでメレンゲをつぶさないように底からすくうように混ぜる（c）。
memo メレンゲをつぶさないために、先にメレンゲをすくって空いたスペースに流します。

7 シフォン型に流し入れ、上部をそっとなでるようにして平らにする（d）。

8 170℃のオーブンで25〜30分焼く。竹串を刺して生の生地がついてこなければ焼き上がり。取り出して小さめの器の上に型ごと逆さにしてのせ、完全に冷ます（e）。器から降ろして上下を戻し、ラップをかけてひと晩おく。
memo ひと晩おくと味がなじみ、しっとり感もアップします。

9 型の側面とケーキの間にナイフを底まで差し込み、ゆっくり上下に動かしながら型の内側に沿って一周回してケーキをはがす（f）。筒部分の周りも同様にはがす。

10 外枠をはずし、底面に沿ってナイフを差し込んでケーキをはがし、ひっくり返して内枠を引き抜く。

ベイクドチーズケーキ

ボウルひとつで材料をつぎつぎ混ぜるだけ。
濃厚だけど後味すっきりのチーズケーキ。

○ 米の粉 ／ ● ミズホチカラ製菓用米粉 ／ ○ ミズホチカラパン用米粉

材料（径15cmの丸型1台分）

クリームチーズ … 200g
砂糖 … 70g
生クリーム（乳脂肪分40%以上）
… 100mℓ
バニラオイル … 3滴
溶き卵 … 2個分
ギリシャヨーグルト
（または水きりヨーグルト）… 50g
米粉 … 15g

下準備

- 直径15cmの丸型（底取れタイプ）にクッキングシートを敷き込む。
- オーブンを170℃に予熱する。

作り方

1. 耐熱ボウルにクリームチーズを入れ、ふんわりとラップをして電子レンジで30秒加熱してやわらかくし、砂糖を加えてゴムべらでよく練り混ぜる（**a**）。
2. 生クリームを3回に分けて加え、その都度泡立て器でなめらかになるまで混ぜ（**b**）、バニラオイルを加えてさらに混ぜる。
3. **2**に溶き卵の半量を3～4回に分けて加え、その都度泡立て器でなじむまでよく混ぜる。
4. 残りの溶き卵を一度に加えて混ぜ合わせ、さらにヨーグルトを加えてムラなく混ぜる。
5. **4**に米粉を全体に広げるようにふり入れ（**c**）、混ぜ合わせる。粉けがなくなればよい。
6. **5**を少し高い位置から型の中央に流し入れ（**d**）、170℃のオーブンで35～40分焼く。焼き上がったら網の上で冷まし、粗熱が取れたら型ごと冷蔵庫にひと晩おいて冷やす。

a

b

c

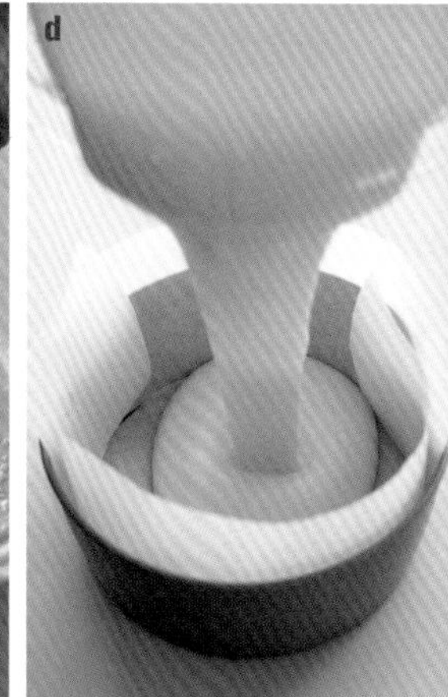
d

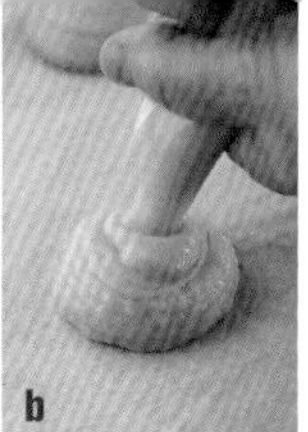

シュークリーム

○ 米の粉 ／ ● ミズホチカラ製菓用米粉 ／ ○ ミズホチカラパン用米粉

材料（6個分）

A
- バター … 30g
- 水 … 80mℓ
- 砂糖 … 小さじ½
- 塩 … 少々

米粉 … 50g
溶き卵 … 2個分
カスタードクリーム（下記）… 全量

下準備

- 下記を参照してカスタードクリームを用意する。
- 絞り袋に直径1cmの丸口金をセットする。
- 天板にクッキングシートを敷く。
- オーブンを200℃に予熱する。

作り方

1 鍋に**A**を入れて中火にかけ、木べらで混ぜながら沸騰させる。バターが溶けて表面がふわっと沸き立ってきたら火を止め、米粉を一度に加えて粉けがなくなるまで一気に混ぜる。

2 **1**を弱火にかけ、全体がなめらかにつながってひと塊になるまで、練るようにしっかり混ぜる。

3 **2**を火からおろし、生地が温かいうちに溶き卵の半量を加え、木べらで手早く混ぜる。生地と卵がなじんだら残りの溶き卵の半量を加え、よく混ぜる。残った溶き卵は、生地のかたさを見ながら少しずつ加える。木べらですくい上げた生地が切れずにゆっくりと落ち、逆三角形にへらから垂れ下がって残る状態になれば生地の完成（**a**）。

memo ちょうどよいかたさになれば、溶き卵が残っていても加えるのをやめます。生地が熱いうちに作業が終わるように手早くすすめましょう。

4 丸口金をセットした絞り袋に**3**を入れ、天板に直径5cmの丸形に間隔を空けて6個絞り出す（**b**）。霧吹きで高い位置から生地全体に霧をかける（**c**）。

memo 乾燥するとふくらみにくくなるので、霧を吹いて乾燥を防ぎます。

5 200℃のオーブンで15分焼く。この段階で十分にふくらんだことを確認してから、焼成温度を170℃に下げてさらに15分焼く。焼き上がったら、オーブンに入れたまま冷ます（**d**）。

memo 確認の際にオーブンは開けないこと。生地が十分にふくらんでいない場合は、200℃でさらに5分ほど焼きます。オーブン内で冷ますと、余熱で水分が抜けてよりサクッとなります。

6 **5**を横半分に切り、カスタードクリームを泡立て器で練り混ぜてなめらかにして詰める。

◎ カスタードクリーム

材料（作りやすい量）

卵黄 … 3個分
砂糖 … 60g
牛乳 … 350mℓ
バニラオイル … 3滴
米粉 … 35g

1 ボウルに卵黄を入れて泡立て器で溶きほぐし、砂糖を加えて白っぽくなるまで混ぜる。

2 鍋に牛乳、バニラオイルを入れ、中火で沸騰直前まで温める。

3 **1**に**2**の¼量を入れて混ぜ、なじんだら米粉を加えて混ぜる。ムラなく混ざったら牛乳液の残りを加えてよく混ぜ、**2**の鍋にこし器を通して戻す（**a**）。

4 **3**を中火にかけ、木べらで混ぜながら煮る（**b**）。ふつふつと煮立ったら火からおろし、バットに薄く広げて表面にラップを密着させて冷ます（**c**）。粗熱が取れたら冷蔵庫で冷やし、使う直前に泡立て器などでほぐしてなめらかにしてから使う。

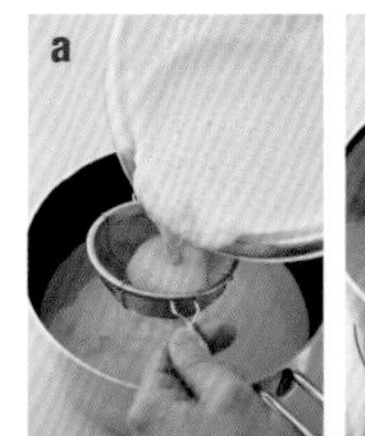

サクッと軽く、香ばしいシュー生地に
口溶けのよいカスタードクリームをたっぷり詰めて。

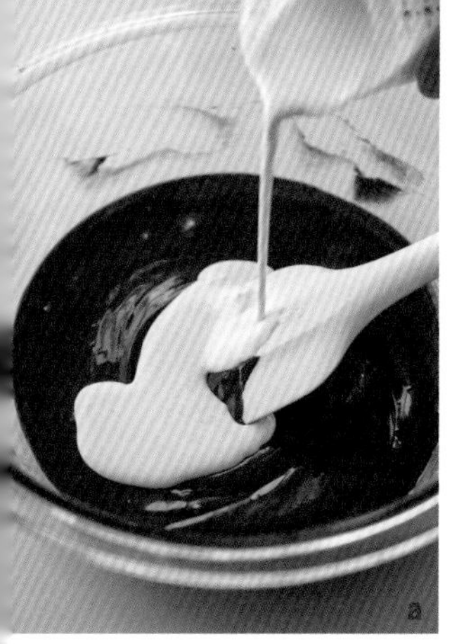
a

b

d

チョコレートブラウニー

○ 米の粉 ／ ● ミズホチカラ製菓用米粉 ／ ○ ミズホチカラパン用米粉

材料（18×12.5×深さ3cmのホーローバット1台分）

板チョコレート（ブラック）… 4枚（200g）
バター … 60g
生クリーム（乳脂肪分40％以上）… 大さじ3
溶き卵 … 2個分
砂糖 … 50g
米粉 … 60g
ミックスナッツ（素焼き）… 60g
レーズン … 50g
トッピング
板チョコレート（ミルク）… 1枚（50g）

下準備

- 2種の板チョコレートはそれぞれ小さく割る。
- バターは1cm角に切る。
- 12.5×18×深さ3cmのホーローバットの底にクッキングシートを敷く。
- ミックスナッツは粗く刻む。
- オーブンを170℃に予熱する。

作り方

1. 耐熱ボウルに板チョコレート、バターを入れ、ラップなしで電子レンジで1分加熱する。塊が残っているようなら様子を見ながら20秒ずつ加熱して溶かす。ゴムべらで混ぜ合わせ、生クリームを加えてさらに混ぜる（**a**）。
2. 溶き卵を3回に分けて加え（**b**）、その都度泡立て器でよく混ぜる。
3. **2**に砂糖を加えて混ぜる。ムラなく混ざったら米粉を全体に広げるようにふり入れ（**c**）、ゴムべらに持ち替えて混ぜ合わせる。粉けがなくなってつやが出てきたらレーズンを加え、ざっくり混ぜる。
4. **3**を少し高い位置からバットの中央に流し入れ、トッピング用の板チョコレートを生地に差し込む。ミックスナッツを全体に散らし（**d**）、170℃のオーブンで20分～25分焼く。焼き上がったら網の上で冷まし、型から取り出して食べやすい大きさに切り分ける。

a

b

c

d

e

f

型なしりんごタルト

○ 米の粉 ／ ● ミズホチカラ製菓用米粉 ／ ○ ミズホチカラパン用米粉

材料（20×15cm1台分）

- A
  - 米粉…100g
  - 塩…小さじ¼
- バター…60g
- 冷水…50mℓ
- フィリング
  - りんご（あれば紅玉、秋映など）…1個（正味220g）
  - レーズン…30g
  - きび砂糖…40g
  - 米粉…大さじ1
  - シナモンパウダー…小さじ¼
- トッピング
  - きび砂糖…大さじ½
  - バター…20g
- 打ち粉（米粉）…適量

下準備

- 小さめのポリ袋に**A**を入れて口を閉じ、シャカシャカとふってよく混ぜ、そのまま冷蔵庫で冷やす。
- バターは1cm角に、フィリング用のバターは5mm角に切り、それぞれ冷蔵庫で冷やす。
- 冷水は氷を入れた水を用意し、使う直前に分量の水を準備する。
- クッキングシートを天板に合わせてカットする。
- オーブンを180℃に予熱する。

作り方

1. フードプロセッサーに**A**とバターを入れ、スイッチのON-OFFを繰り返してガッガッガッと断続的に撹拌してバターを米粒くらいにする（**a**）。
2. **1**に冷水40mℓを2回に分けて加え、その都度連続で攪拌する。生地がひと塊になるように、残り10mℓは様子を見ながら少しずつ加えて攪拌する（**b**）。
3. **2**をひとつにまとめてラップで包み、冷蔵庫で30分冷やす。
4. フィリングを作る。リンゴは皮つきのまま縦8等分に切って芯を取り除き、横7mm幅に切る。これを耐熱ボウルに入れ、レーズン、きび砂糖、米粉、シナモンパウダーを加えてよく混ぜる。

   memo 加熱したりんごから出る汁けを米粉が抑えます。
5. まな板（あれば薄いプラスチック製まな板）に用意したクッキングシートを敷き、打ち粉を軽くふって**3**を置く。生地の表面にも軽く打ち粉をふり、めん棒で25×18cmにのばす（**c**）。
6. 生地をシートごと天板に移す（**d**）。

   memo グルテンでつながっていない生地はじかに持ち上げるとブチブチと切れてしまうので、シートごとまな板から滑らせるようにして天板へ移します。
7. 生地を横長に置き、左右の端から3cm、上下を1.5cm空けて**4**をのせ、周囲の生地をフィリングを覆うように折り込む（**e**）。
8. フィリングの上にトッピング用のきび砂糖をふってバターを散らし（**f**）、200℃のオーブンで30～40分焼く。

型を使わず手軽に作れるタルト。
米粉ならではのサクサクほろほろ生地と、
甘酸っぱいフィリングが好相性。

スノーボール

○ 米の粉 ／ ● ミズホチカラ製菓用米粉 ／ ○ ミズホチカラパン用米粉

ほろりと崩れて
香ばしい香りが広がります。

材料（18〜20個分）

- A
  - 粉糖 … 30g
  - アーモンドプードル … 50g
  - 米粉 … 50g
- バター … 50g
- 牛乳 … 大さじ1
- 粉糖（仕上げ用）… 30g

下準備

- 小さめのポリ袋にAを入れて口を閉じ、シャカシャカとふってよく混ぜ、そのまま冷蔵庫で冷やす。
- バターは1cm角に切り、冷蔵庫で冷やす。
- 天板にクッキングシートを敷く。
- オーブンを160℃に予熱する。

作り方

1. フードプロセッサーにAとバターを入れ、スイッチのON-OFFを繰り返してガッガッガッと断続的に撹拌してバターを米粒くらいにする。
2. 牛乳を加え、生地がひと塊になるまで連続で撹拌する。
3. 生地を取り出して10gずつに計量し、ボール状に丸めて天板に間隔を空けて並べる（a）。
4. 160℃のオーブンで30〜35分焼き、粗熱を取る。
5. ポリ袋に仕上げ用の粉糖を入れて4を加え、口を閉じシャカシャカとふってクッキーに粉糖をまぶす。

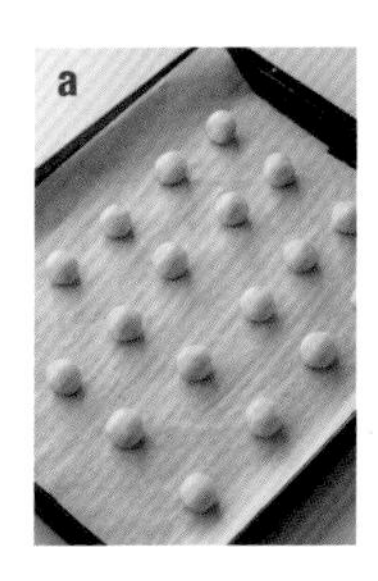

アイスボックスクッキー

○ 米の粉 ／ ● ミズホチカラ製菓用米粉 ／ ○ ミズホチカラパン用米粉

生地を冷やして作る、パリッと歯応えのよいクッキー。

材料（18〜20枚分）

A 米粉…100g
　粉糖…50g
バター…50g
B 卵黄…1個
　牛乳…小さじ1
　バニラオイル…3滴
打ち粉（米粉）…少量

下準備

- 小さめのポリ袋にAを入れて口を閉じ、シャカシャカとふってよく混ぜ、そのまま冷蔵庫で冷やす。
- バターは1cm角に切り、冷蔵庫で冷やす。
- 天板にクッキングシートを敷く。
- オーブンを170℃に予熱する。

作り方

1 フードプロセッサーにAとバターを入れ、スイッチのON-OFFを繰り返してガッガッガッと断続的に撹拌してさらさらの状態にする（a）。

2 Bを加え、生地がひと塊になるまで連続で攪拌する。

3 まな板に打ち粉をふって生地を取り出し、直径3cmの円柱状に成形する。ラップで包み（b）、冷蔵庫で30分以上冷やす。

memo この状態で冷凍保存も可能。保存の目安は約1か月。

4 3を7mm厚さに切り、天板に間隔を空けて並べ、170℃のオーブンで15分焼く。

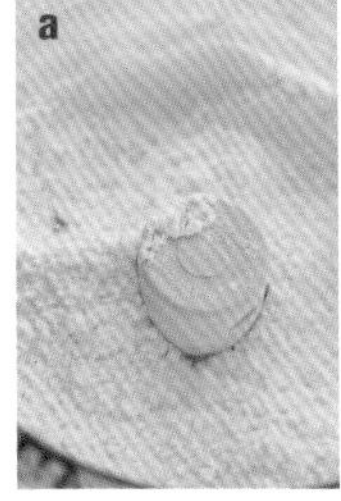
a

b

スコーン

○ 米の粉 ／ ● ミズホチカラ製菓用米粉 ／ ○ ミズホチカラパン用米粉

材料（6個分）

A | 米粉 … 150g
きび砂糖
（あればざらめタイプ） … 30g
ベーキングパウダー … 大さじ1

バター … 40g
溶き卵 … 1個分
牛乳 … 40mℓ
打ち粉（米粉） … 適量
牛乳（つや出し用） … 大さじ1

下準備

- 小さめのポリ袋に**A**を入れて口を閉じ、シャカシャカとふってよく混ぜる。そのまま冷蔵庫で冷やす。
- バターは1cm角に切り、冷蔵庫で冷やす。
- 天板にクッキングシートを敷く。
- オーブンを180℃に予熱する。

作り方

1. フードプロセッサーに**A**とバターを入れ、スイッチのON-OFFを繰り返してガッガッガッと断続的に攪拌してさらさらの状態にする。
2. 溶き卵、牛乳の半量を加え、連続で攪拌する。生地がひと塊になるように、残りの牛乳は様子を見ながら少しずつ加えて攪拌する。
3. まな板に打ち粉を軽くふって**2**を取り出し、生地の表面にも軽く打ち粉をふり、めん棒で厚さ2cmの四角形にのばす。
4. 直径4cmの丸抜き型で、できるだけ間を空けないように抜く（**a**）。余った生地は練らずにくっつけるようにして抜いた生地の高さに合わせて2個の円柱形にする（**b**）。
5. 天板に抜いた生地と成形した生地を間隔を空けて並べ、上面につや出し用の牛乳を刷毛で塗り、180℃のオーブンで20分焼く。

a

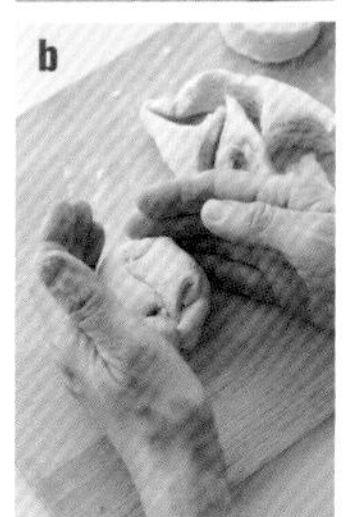
b

米粉のスコーンはさくっと軽い食感が魅力。

マフィン

○米の粉 ／ ●ミズホチカラ製菓用米粉 ／ ○ミズホチカラパン用米粉

材料（径6cmのマフィンカップ6個分）

A | 米粉…150g
きび砂糖…70g
ベーキングパウダー
…小さじ1

バター…100g
溶き卵…2個分
牛乳…80mℓ

下準備

- 小さめのポリ袋にAを入れて口を閉じ、シャカシャカとふってよく混ぜ、そのまま冷蔵庫で冷やす。
- バターは1cm角に切り、冷蔵庫で冷やす。
- オーブンを170℃に予熱する。

作り方

1. フードプロセッサーにAとバターを入れ、スイッチのON-OFFを繰り返してガッガッガッと断続的に撹拌してさらさらの状態にする。
2. 溶き卵、牛乳の半量を加え、連続で撹拌する。なめらかな生地になるように、残りの牛乳は様子を見ながら少しずつ加えて撹拌する（a）。
memo この生地に好みの具材を混ぜてもよい（下記）。
3. マフィンカップに7分目くらいまで入れ、トントンと台に落として空気を抜き（b）、170℃のオーブンで20〜25分焼く。
memo 冷めて少しかたくなってしまったマフィンは、電子レンジで軽く温めるとふわっと戻ります。

米粉を使うと、焼き上がりがもちふわしっとり。

a

b

チェダーチーズとくるみのマフィン

「マフィン」2の生地に、1cm角に切ったチェダーチーズ80g、粗く刻んだくるみ（素焼き）40g、粗びき黒こしょう小さじ¼を混ぜる。

チョコマシュマロマフィン

「マフィン」2の生地に、小さく割った板チョコレート（ミルク）80g、マシュマロ40gを混ぜる。

米粉のやさしい甘さがうれしい、もっちりパンケーキ。

パンケーキ

―

○ 米の粉 ／ ● ミズホチカラ製菓用米粉 ／ ○ ミズホチカラパン用米粉

a

b

材料（6枚分）

米粉…100g
ベーキングパウダー
…小さじ1
卵…1個
きび砂糖…30g
ヨーグルト（プレーン）
…50g
牛乳…40mℓ
太白ごま油…大さじ½
バター、メープシロップ
…各適量

作り方

1 小さめのポリ袋に米粉とベーキングパウダーを入れて口を閉じ、シャカシャカとふってよく混ぜる。

2 ボウルに卵、きび砂糖を入れて泡立て器で混ぜ、なじんだらヨーグルト、牛乳、太白ごま油を加えてよく混ぜる。

3 **1**を3回に分けて全体に広がるようにふり入れ（**a**）、その都度ゴムべらで粉けがなくなるまで混ぜる。

memo 混ぜすぎるとふんわりと焼き上がらないので、練らずにさっくり混ぜます。

4 フライパンを中火で熱し、キッチンペーパーで太白ごま油（分量外）を薄く塗り、**3**を玉じゃくし1杯分ずつ流し入れ、弱めの中火で焼く。3分ほどして表面にぷつぷつと気泡の穴ができたら裏返し（**b**）、1分～1分30秒して中心が少しふくらんできたら取り出す。残りの生地も同様に焼く。器に盛り、バター、メープルシロップを添える。

memo 焼き上がったパンケーキは、乾かないようにラップで覆う。

油切れがよく、さっくりザクザク食感。
ちょっと危険なおいしさです。

ドーナツ

○ 米の粉 ／ ● ミズホチカラ製菓用米粉 ／ ○ ミズホチカラパン用米粉

材料（6〜7個分）

米粉 … 100g
ベーキングパウダー … 小さじ1
卵 … 1個
きび砂糖 … 50g
溶かしバター … 30g
揚げ油 … 適量

作り方

1. 小さめのポリ袋に米粉とベーキングパウダーを入れて口を閉じ、シャカシャカとふってよく混ぜる。
2. ボウルに卵、きび砂糖を入れて泡立て器ですり混ぜ、白っぽくなったら溶かしバターを加えてムラなく混ぜる。
3. **1**を全体に広がるようにふり入れ、ゴムべらで粉けがなくなるまで混ぜる。ラップをかけて冷蔵庫で30分ほど冷やす。
   memo 混ぜすぎに注意。
4. 揚げ油を170℃に熱し、**3**を2本のスプーンで丸めながら入れて揚げる（**a**）。片面がきつね色になったら転がしながら3〜4分揚げる。竹串を刺して生の生地がついてこなければ引き上げて油をよくきる。

シンプルな材料で作る、雪のように真っ白な和菓子。

かるかん

● 米の粉 ／ ○ ミズホチカラ製菓用米粉 ／ ○ ミズホチカラパン用米粉

材料（15×15㎝の耐熱容器1台分）

大和いも … 80g（正味）
砂糖 … 150g
水 … 100㎖
米粉 … 100g

下準備

- 15×15㎝の耐熱容器の底にクッキングシートを敷く。

作り方

1. 大和いもはおろし器ですりおろし、砂糖を3回に分けて加え、その都度泡立て器でよく混ぜる。
2. 分量の水を3回に分けて加え、その都度軽く泡立てるようによく混ぜる。
3. 米粉を全体に広がるようにふり入れ、ゴムべらで粉けがなくなるまで混ぜ、耐熱容器に流し入れる（**a**）。
4. フライパンに4つ折りにしたキッチンペーパーを置き、その上に**3**をのせて水（分量外）を深さ2㎝ほど注ぎ入れる。蓋をして強火にかけ、蒸気が上がったら弱めの中火にして30〜40分蒸す。取り出して冷まし、食べやすい大きさに切る。

memo 空焚きしないように、途中で水を足す。

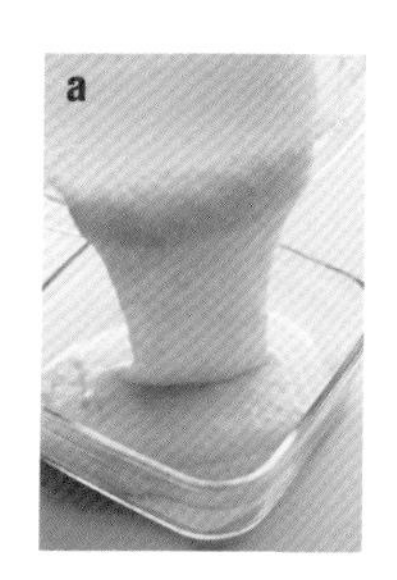

おいもがごろごろ入った、素朴で懐かしい和のおやつ。

鬼まんじゅう

● 米の粉 ／ ○ ミズホチカラ製菓用米粉 ／ ○ ミズホチカラパン用米粉

材料（直径5㎝のグラシンカップ5個分）

さつまいも … 1本（200g）

A
- 小麦粉 … 30g
- 米粉 … 20g
- 片栗粉 … 10g
- ベーキングパウダー … 大さじ½
- きび砂糖 … 25g
- 塩 … 少々

水 … 40㎖

作り方

1. さつまいもは皮つきのまま1㎝角に切り、水にさらしてアクを抜き、水けをふき取る。
2. ボウルに**A**を入れて泡立て器でよく混ぜる。分量の水を加えてゴムべらで粉けがなくなるまでよく混ぜ、**1**を加えて均一に混ぜる。
3. グラシンカップ5個に**2**を等分に入れ、耐熱の器に並べる。
4. フライパンに4つ折りにしたキッチンペーパーを置き、その上に**3**をのせて水（分量外）を深さ2㎝ほど注ぎ入れる。蓋をして強火にかけ（**a**）、蒸気が上がったら弱めの中火にして15～20分蒸す。

memo 空焚きしないように、途中で水を足す。

米粉に豆腐を加えてこねると、
もっちりと歯応えのあるおだんごになります。

みたらしだんご

● 米の粉 ／ ○ ミズホチカラ製菓用米粉 ／ ○ ミズホチカラパン用米粉

材料（5本分）

絹ごし豆腐…110g
米粉…100g
砂糖…20g

みたらしあん
- 水…大さじ2
- 砂糖…大さじ2
- しょうゆ…大さじ1
- みりん…大さじ1
- 米粉…大さじ½

作り方

1. ボウルに豆腐100g、米粉、砂糖を入れてこねる。残りの豆腐10gを様子を見ながら少しずつ加え、耳たぶくらいのかたさの生地を作り（**a**）、15gずつ計量してボール状に丸める。
2. 鍋に湯をぐらぐらと沸かし、**1**をゆでる。浮いてきたら網ですくって水にさらし（**b**）、ざるに上げて水けをきる。3個ずつ竹串に刺す。
3. フライパンを中火で熱し、**2**を入れて両面に薄く焦げ目がつくまで焼く（**c**）。
4. みたらしあんを作る。小鍋にすべての材料を入れてよく混ぜ、中火にかけて混ぜながらとろみがつくまで煮る。
5. 器に**3**を盛り、**4**をかける。

三色だんご

● 米の粉 ／ ○ ミズホチカラ製菓用米粉 ／ ○ ミズホチカラパン用米粉

材料（5本分）

絹ごし豆腐…150g
米粉…120g
砂糖…60g
抹茶…小さじ⅓
ゆず皮…少々
A
- 食用色素（赤）…微量
- 水…小さじ½

下準備

- 豆腐、米粉、砂糖をそれぞれ3等分する（豆腐各50g、米粉各40g、砂糖各20g）。
- **A**を合わせて混ぜる。

作り方

1. 3等分した豆腐（50g）に、それぞれ抹茶、ゆず皮、**A**を加え（**a**）、ムラなく混ぜる。
2. 緑色のだんごを作る。別のボウルに3等分した米粉（40g）と砂糖（20g）を入れ、**1**の抹茶を混ぜた豆腐から40gを取り分けて加え、均一になじむまでこねる（**b**）。残りの抹茶豆腐10gを様子を見ながら少しずつ加え、耳たぶくらいのかたさの生地を作り、15gずつ計量してボール状に丸める。ゆず皮を混ぜた白、食紅を混ぜたピンクの豆腐で同様に作る。
3. 鍋に湯をぐらぐらと沸かし、**2**をゆでる。浮いてきたら網ですくって水にさらし、ざるに上げて水けをきり、3色ずつ竹串に刺す。

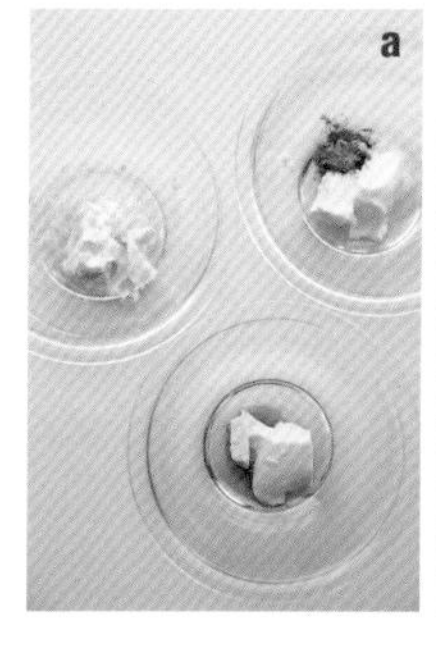

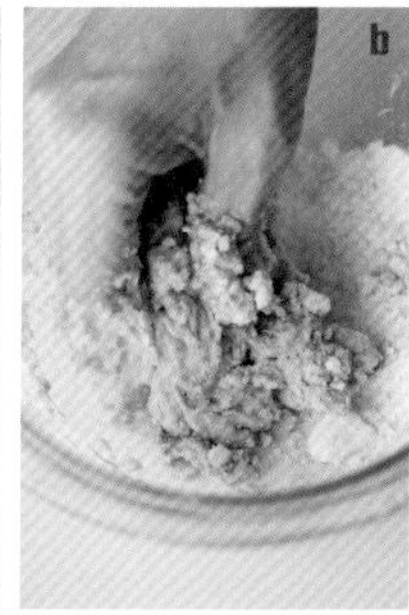

三色だんご

みたらしだんご

上島亜紀（かみしま あき）

料理家。食育アドバイザー、アスリートフードマイスター取得。簡単に作れる家庭料理を大切にしながら、主宰する料理教室「A's Table」では、楽しくて美しいおもてなし料理を提案。雑誌、書籍、テレビでのレシピ紹介、企業のレシピ監修など食の場で幅広く活躍。『これがほんとの 献立のきほん』（成美堂出版）『まとめ買い&使い切り！ ラクうまレシピ350』（ナツメ社）など著書多数。

STAFF

撮影
川上朋子

ブックデザイン
伊藤永祐（eskit）

調理アシスタント
柴田美穂

編集・スタイリング
関澤真紀子

編集担当
遠藤やよい（ナツメ出版企画）

本書に関するお問い合わせは、書名・発行日・該当ページを明記の上、下記のいずれかの方法にてお送りください。
電話でのお問い合わせはお受けしておりません。
・ナツメ社webサイトの問い合わせフォーム
https://www.natsume.co.jp/contact
・FAX（03-3291-1305）
・郵送（下記、ナツメ出版企画株式会社宛て）
なお、回答までに日にちをいただく場合があります。
正誤のお問い合わせ以外の書籍内容に関する解説・個別の相談は行っておりません。あらかじめご了承ください。

毎日食べたい はじめての米粉レシピ おかずとパンとお菓子

2023年6月5日　初版発行

著者　上島亜紀

発行者　田村正隆
発行所　株式会社ナツメ社
東京都千代田区神田神保町1-52 ナツメ社ビル1F（〒101-0051）
電話 03（3291）1257（代表）　FAX 03（3291）5761
振替 00130-1-58661
制作　ナツメ出版企画株式会社
東京都千代田区神田神保町1-52 ナツメ社ビル3F（〒101-0051）
電話 03（3295）3921（代表）
印刷所　図書印刷株式会社
ISBN978-4-8163-7375-6　Printed in Japan